JN336408

習慣が同じ者同士が仲良くなってる中若熟女か

この本は、3人のために書きました。

❶わずらわしい人間関係から、解放されたい人。
❷人生を豊かにする出会いをしたい人。
❸出会った人と、長続きするおつき合いをしたい人。

01
FIRST CLASS

プロローグ
誰とつき合うかで、すべてが決まる。

ファーストクラスに乗る人になるには、ファーストクラスに乗る人とつき合うことです。

ファーストクラスに乗っていないのに、ファーストクラスに乗る人と出会えないじゃないかという人がいます。

そんなことはありません。

ファーストクラスに乗る人は、ファーストクラスに住んでいるわけではないのです。

日常生活の中で、出会うことができます。

ただし、出会ったからといって、友達になってはもらえません。

習慣が違うと、友達になれないのです。

ファーストクラスに乗る人と友達になれないのは、ファーストクラスに乗らないからではありません。

ファーストクラスに乗る人の習慣がないからです。

まずは、ファーストクラスに乗る人の習慣を、学ぶことです。

つき合う人のレベルを変えることには涙が伴(ともな)**います。**

今までの仲間から「変わったね」と言われるのです。

オシャレになると、「ダサくなったね」と言われます。

今の集団でのオシャレと、上の集団でのオシャレは違います。

カジュアルな服装からフォーマルな服装に変わると、「かたくない？」と言われるのです。

これは仕方のないことです。

成長すると、新しい集団に入って、新しい仲間が生まれます。

前の集団から抜け出す時には、必ず悪口を言われます。

その悪口に反論したら、前の集団に戻ります。
反論しないでガマンしていると、悪口はやがて聞こえなくなります。
これが前の集団を抜け出した瞬間なのです。
どんなにお金を稼いでも、友達がいなければ、ハッピーではありません。
人生を潤わせる友達をつくれる習慣を身につけることで、人生は豊かになるのです。

人生を豊かにする
友達をつくる工夫

01

背伸びして、つき合おう。

ファーストクラスに乗る人の人脈

人生を豊かにする友達をつくる65の工夫

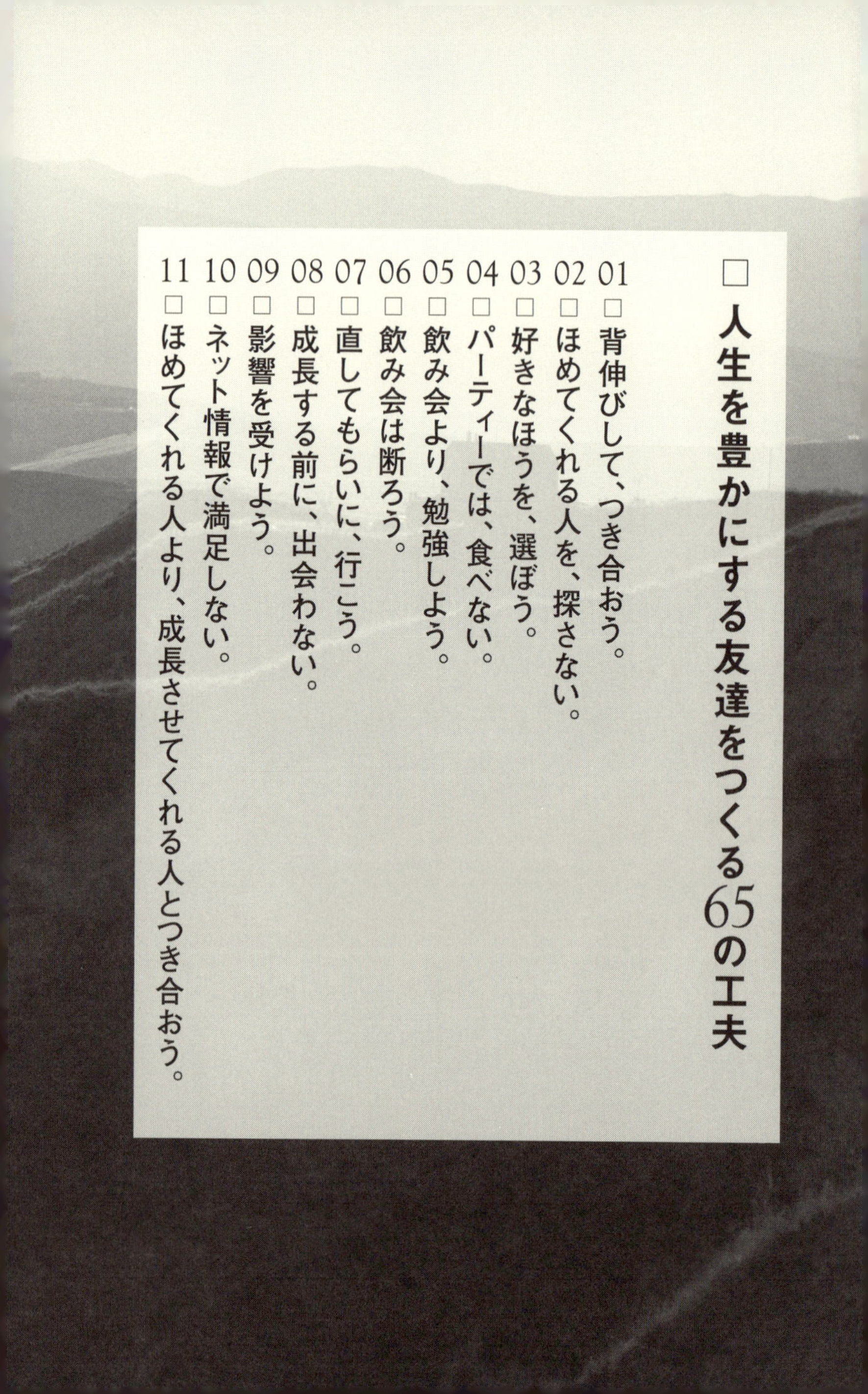

□人生を豊かにする友達をつくる65の工夫

01□背伸びして、つき合おう。
02□ほめてくれる人を、探さない。
03□好きなほうを、選ぼう。
04□パーティーでは、食べない。
05□飲み会より、勉強しよう。
06□飲み会は断ろう。
07□直してもらいに、行こう。
08□成長する前に、出会わない。
09□影響を受けよう。
10□ネット情報で満足しない。
11□ほめてくれる人より、成長させてくれる人とつき合おう。

12□先生と生徒より、師匠と弟子になろう。
13□ほめよりも、ダメ出しをもらおう。
14□「叱られた」ではなく、「教えてもらった」と感じよう。
15□成長仲間になろう。
16□ほめよりも、厳しさを求めよう。
17□慰めより、成長を求めよう。
18□嫌われても、相手のために厳しいことを言おう。
19□言いわけしない。
20□早めに行って、早めに帰ろう。
21□予定時間より、早く行こう。
22□炎上に、強くなろう。
23□ツッコみ合う関係になろう。
24□人間関係を充実させよう。
25□いい人と悪い人で、分けない。

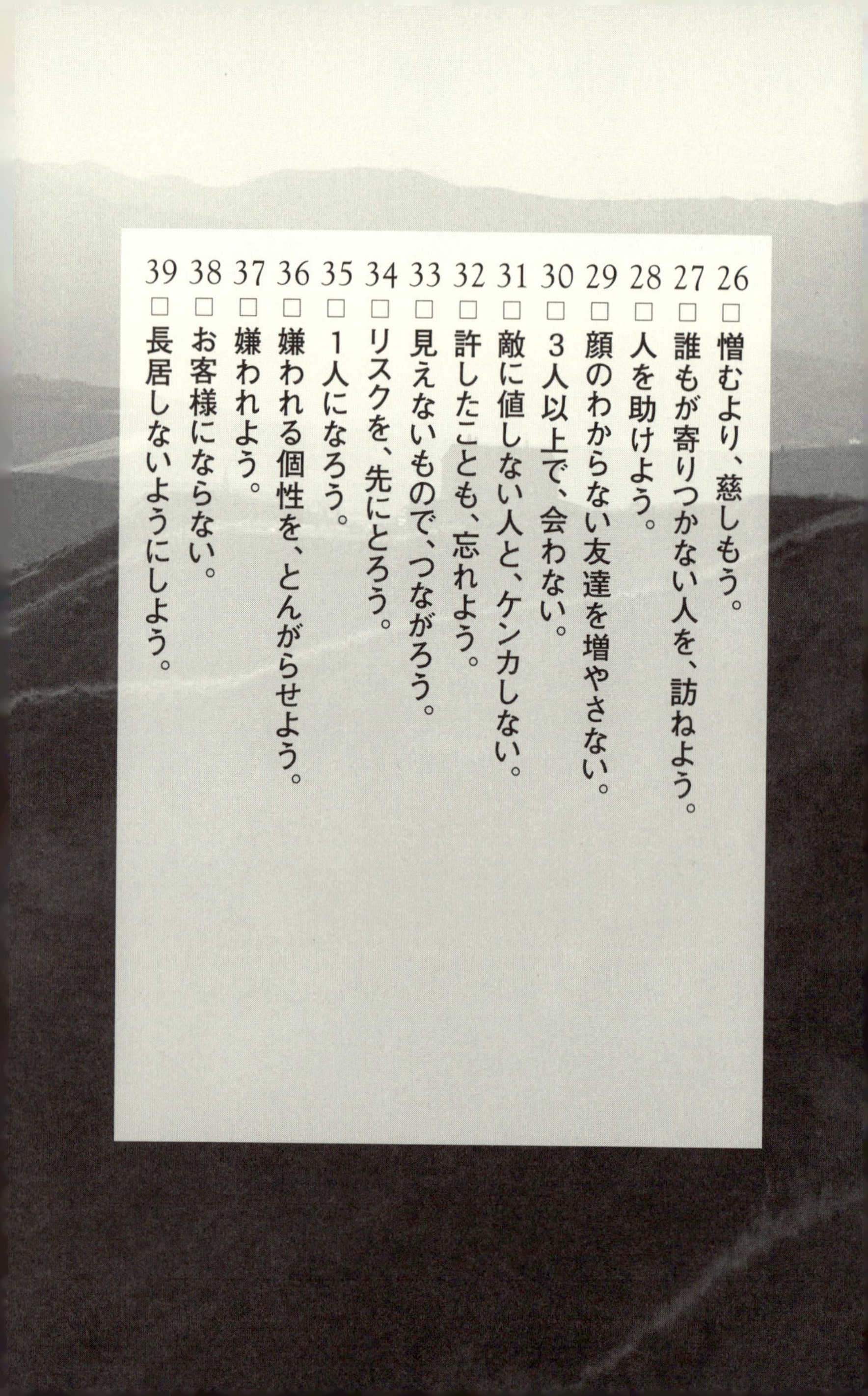

26 □憎むより、慈しもう。
27 □誰もが寄りつかない人を、訪ねよう。
28 □人を助けよう。
29 □顔のわからない友達を増やさない。
30 □３人以上で、会わない。
31 □敵に値しない人と、ケンカしない。
32 □許したことも、忘れよう。
33 □見えないもので、つながろう。
34 □リスクを、先にとろう。
35 □１人になろう。
36 □嫌われる個性を、とんがらせよう。
37 □嫌われよう。
38 □お客様にならない。
39 □長居しないようにしよう。

中谷彰宏「ファーストクラスに乗る人の人脈」

40 □当たり前のレベルを上げよう。
41 □答えのない問題を、一緒に楽しもう。
42 □結果よりも、プロセスを共有しよう。
43 □小さな達人になろう。
44 □今の利害で、選ばない。
45 □飲みに行くより、講演に行こう。
46 □成功を喜べない友達から、離れよう。
47 □理解されることを、求めない。
48 □許そう。
49 □社会の前に、1対1でつき合おう。
50 □たまたま隣にいた人と出会おう。
51 □似た者同士で、集まらない。
52 □嫌われて、平気になろう。
53 □バカにされたら、喜ぼう。

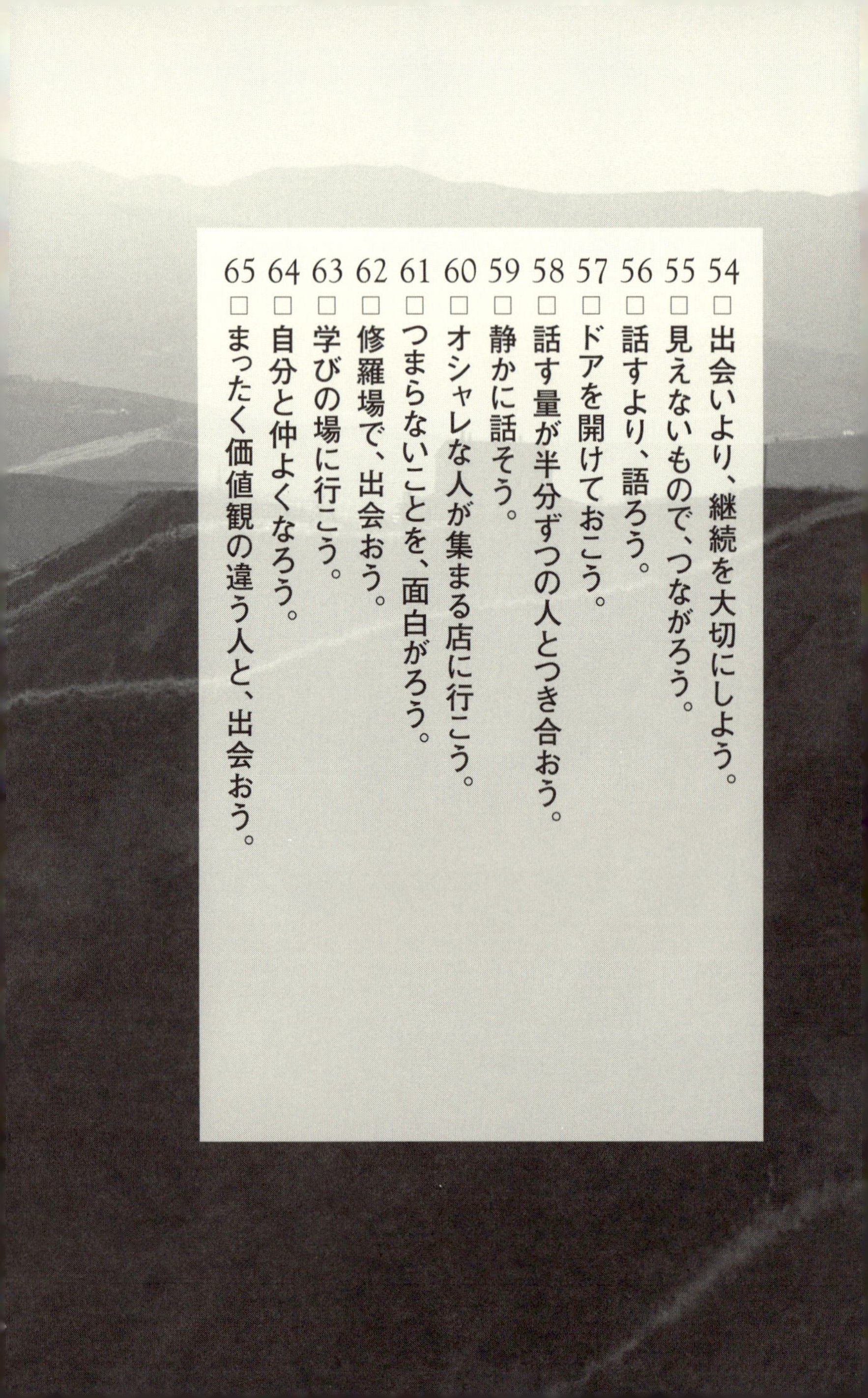

54 □出会いより、継続を大切にしよう。
55 □見えないもので、つながろう。
56 □話すより、語ろう。
57 □ドアを開けておこう。
58 □話す量が半分ずつの人とつき合おう。
59 □静かに話そう。
60 □オシャレな人が集まる店に行こう。
61 □つまらないことを、面白がろう。
62 □修羅場で、出会おう。
63 □学びの場に行こう。
64 □自分と仲よくなろう。
65 □まったく価値観の違う人と、出会おう。

ファーストクラスに乗る人の人脈　目次

第2章 ほめてくれる人より、叱ってくれる人とつき合う。

第3章 自分からアプローチすることで、出会える。

第4章 嫌われることを、恐れない。

第5章 お客さんではなく、同志としてつき合っていく。

第6章 理解されるより、理解する側にまわる。

第7章 独占するより、共有する。

第 1 章

CHAPTER ONE

一流の考え方を持つことで、一流になれる。

02
FIRST CLASS

一流と三流しかいない。一流はさらに成長し、三流はさらに下降する。

ほとんどの人は「自分は、一流とは言えないけれども、三流ではないから、二流の上のほうですかね」と言います。

みんな「中の上」をやりたいのです。

「中」はありません。

世の中には「一流」と「三流」しかないのです。

二流というのは三流のことです。

一流は上の人にダメ出しを求めて、さらに上昇します。

三流の人は、ほめてくれる四流の人を探して、自分も四流へ下がっていくのです。

一流と三流の間には、二流の大きな川が流れています。
そこには誰もいません。
三流は限りなく四流に近づいています。
ほめてくれる人を探しまわるより、その時間に勉強したほうがいいのです。
昔は、ほめてくれる人を探すのに、実地で探しまわらなければなりませんでした。
今はネットがあるので簡単です。
道を歩きながらでも、自分のダンスの練習風景の映像を人に見せられます。
すると、「すごいじゃないですか」と返ってきます。
そもそもダンス人口は少ないのです。
シロウトが見たら、「すごい」のです。
一流はさらに上昇し、三流はさらに下降します。
二流から成長して一流になるのではありません。
今、自分がどこにいようが関係ないのです。
ダメ出しを求めて上昇している人が一流です。

ほめてくれる人を求めて下降している人が三流です。
ベクトルがどちらへ向かっているかで分かれるのです。

人生を豊かにする
友達をつくる工夫

02

ほめてくれる人を、探さない。

03
FIRST CLASS

一流と三流は、能力の差ではない。どういう人とつき合うかの差だ。

一流と三流の違いは、能力の差ではありません。
生まれの違いでもありません。
収入の違いでもありません。
ここで勘違いする人が多いのです。
「自分には一流の能力はないし、せめて二流の上」と思いたがるのです。
一流と三流の違いは、目指している方向の違いです。
「もっと成長したい」と思っているか、「もっとほめられたい」と思っているかです。
能力は関係ありません。
その人が一流か三流かは、「どういう人と、つき合っているか」で決まります。

ほめてくれる人とつき合っている人が三流です。
ダメ出しをしてくれる人とつき合っている人が一流なのです。
ダメ出しをもらって、成長しようとしている人が一流なのです。

人生を豊かにする
友達をつくる工夫

03

好きなほうを、選ぼう。

04
FIRST CLASS

一流は、パーティーで食べない。三流は、お寿司の列に並んでいる。

私はパーティーに行くと、「中谷さん、もう帰ったんですか」とよく言われます。

「挨拶したかったのに」「名刺交換したかったのに」と言う人は、私が会場にいる間、お寿司の列に並んでいました。

私の順番は、お寿司のあとだったのです。

「今日、中谷さんと話をしようと思ったのに」と言いますが、食べることをメインにしてパーティーに来ているのです。

料理がなくなると、クモの子を散らすように人がいなくなります。

私は、大学時代に議員の秘書をやっていました。

議員のパーティーでは、幹事長から祝辞が来たり、党三役が挨拶に来たり、総理大臣が来たりすることがあります。

その時に、料理がなくなってクモの子を散らしたあとでは、総理にも悪いです。

総理がパーティー会場に遅れてきても、料理を出さないわけにはいきません。

これは、秘書たちの間で大変なのです。

料理を出さないと暴動が起こります。

会費を払って料理を食べに来ているからです。

一度、総理が来た時に料理がガラガラになっていたことがありました。

みんなが見ているのは、総理大臣よりもお寿司だからです。

「食べることに満足してから、人との出会いを」と思っている人がたくさんいるのです。

そういう人は、パーティーに行くとまず椅子の確保をします。

次に、料理を確保します。

一流は、早く来て早く帰ります。

残っているのは、三流の寂しい人たちだけです。

そこでは三流との出会いはあります。

一流は、お寿司を食べません。

お寿司に並んでいる人は、お寿司に並んでいる人と出会いがあります。

パーティーで出会いをメインにしないと、あとはエビがなくなったチリソースを一生懸命すくっている状態になるのです。

人生を豊かにする
友達をつくる工夫

04

パーティーでは、食べない。

05
FIRST CLASS

三流から積み上げても、一流にはならない。ピラミッドでも、Y字路でもなく、T字路になっている。

資格テストは、4級→3級→2級→1級と積み上がっていきます。

三流が上へ上がる時は、ピラミッドの段を上がるように1つ1つ上がっていくわけではありません。

三流を卒業して二流になるわけではないのです。

「Y字路」になっていて、左へ行くと三流、右へ行くと一流というのも△です。

正解は、「T字路」です。

左へ行けば三流、右へ行けば一流で、方向が180度違うのです。

一流と三流は、毎日毎日どんどん離れていきます。

三流は、飲み会・お食事会・女子会に行って、ほめてもらう人を探すのに頑張っています。ネットはうまくできていて、「今回は私、次はあなた」という形でほめ合いをしています。

知っている人の間ならまだいいのですが、知らない人まで入ってきます。

誰かわからない人の「いいね！」でも1個のカウントです。

三流が「今日も飲み会を頑張る」と言うのは、流されている川をさかのぼっているようなものです。

「いいね！」を集めるために頑張っているのです。

その間に、一流の人は勉強しています。

三流は、時間・エネルギー・お金の使い方が、一流と逆の行為になっているのです。

人生を豊かにする
友達をつくる工夫

05

飲み会より、勉強しよう。

06

FIRST CLASS

一流は、飲み会を断ることで勉強するのが、愛。三流は、つき合ってグチにつき合うことが、愛。

飲み会に誘われたら、一流は断ります。

① 断った時間で自分が勉強する

② 断った時間で誘った人が勉強できる

という2つの目的があるのです。

三流は、飲み会につき合ってグチを聞いてあげることが相手に対する愛だと勘違いしています。

結局、自分も相手も勉強できなくなります。

ここで断ることが、相手に対する愛です。

誘って断られたら、相手も仕方ないから家で本を読むのです。

飲みに行って朝までつき合っていたら、二日酔いで、次の日は会社を休みます。

「上司に叱られる」→「へこむ」→「飲み会に行く」→「次の日、休む」→「また叱られる」という負のスパイラルに入るのです。

朝までお酒につき合うことが愛というのは、三流の解釈です。

三流は、三流的に正しいことをやっているのです。

人生を豊かにする
友達をつくる工夫

06

飲み会は断ろう。

07
FIRST CLASS

一流は、先生に直してもらう機会を逃さない。三流は、直してもらう機会から逃げる。

ビジネススクールで、リーダーのマナーの授業があります。
そこに、合コンやコンビニに行くようなカジュアルな服で来る生徒がいます。
自分なりにきちんとしたスーツで来たら、スーツの着方を直せます。
スーツを着て来ないのは、うっかりしていたからではなく、わざとです。
直されたくないからです。
ダメ出しされるのは、自分を否定されるようでイヤなのです。
それではビジネススクールに来る必要はありません。

そういう人は、来ることだけで満足しているのです。

中谷塾でもファッションチェックをしています。

塾生は、毎回、買い直して来ます。それをみんなに見てもらいます。

昨日買ったばかりなのに、ボコボコにつっこまれるのです。

ファッションは、階段を1段ずつ上がって上達していきます。

新しいものを買ってくると、また次の課題が見えてきます。

直してこなければ、そこで終わりです。

私は、大人の女性のトレンチコートのトラディショナルな着こなしを教えたいのです。

トレンチコートのベルトの一番オシャレな結び方を教えてもらえるチャンスです。

中にはベルトをして来ない人もいます。

「ベルトはどうしたの」と聞くと、「そう言えば、何かついてましたね。あれ、いるんですか」と言うのです。ショルダーバッグのストラップか何かと間違っているのです。

トレンチコートを着てくることで、初めて「ベルトは捨ててはいけない」と気づけるのです。ライオンの顔のTシャツを着てこられたら、それはそれで完成しているので、直しようがありません。

本人は、ダメ出しされないように、わざとそうしています。

ほめられることを優先する人は、ダメ出しに耐えられません。

直してもらう機会から、ひたすら逃げまわるのです。

出版社に原稿を持ち込むと、「ここは抽象的」とか「ここはどこかの本に書いてある」と指摘されます。それがイヤで、とりあえず原稿なしで行きます。

そもそも原稿を完成させる気がないのです。完成させたら「つまらない」と言われるからです。

「8割方はできています。最後2割で面白くなるんですよ」と言いながら、永遠に完成させないのです。

人生を豊かにする友達をつくる工夫

07

直してもらいに、行こう。

08
FIRST CLASS

一流は、出会う前に成長する。三流は、成長する前に出会ってチャンスをなくす。

一流は、出会う前に成長しようとします。

三流は、とにかく出会いを求めています。

お食事会・パーティー・飲み会・異業種交流会に行って、「紹介して、紹介して」と言ってまわるのです。

「自分にチャンスがないのは、出会いがないからに違いない。あの人が実現したのはチャンスに出会ったからだ」と解釈しているのです。

一流は自分が成長していない状態で出会ったら、相手はもう二度と会ってくれないことがわかっています。

だから、出会いをあせりません。

あせるのは、勉強が足りなくて、成長していないことです。

今、ここで出会ってしまったら、ヤバいと自分に言い聞かせます。

「チャンスをつぶしたくないから、まだ出会わなくていい」というぐらいの気持ちでいます。

仕事でも恋愛でも同じです。

モテない人は「なかなか出会いがないのよね」と言っています。

そういう人は、出会ってもムリです。

むしろ、今は出会わないほうがいいのです。

編集者なら、1回会ってつまらなかったら、次は会ってくれません。

「あの人にはもう会いました」と言われます。

ひょっとして、後に成長していたとしても、「会った時に特に面白い企画がなかったので」ということになるのです。

人生を豊かにする友達をつくる工夫

08

成長する前に、出会わない。

成長する前は、できるだけ出会わないように気をつけます。

出会う前に、急いで成長します。

チャンスがないのは、出会いがないからではなく、成長していないからです。

出会いがないのはラッキーなことです。

飲食店で、サービスも料理の味も完成していないのに宣伝ばかりするのは、かえってマイナスです。

宣伝すると、お客様が来ます。

サービスも悪いし、味もいまいちということを宣伝でまき散らすことになります。

成長していないのに売り込んでも、かえって失敗するのです。

09
FIRST CLASS

一流は、影響を受ける人と、つき合う。三流は、おいしい話を求める。

三流が人脈を欲しがるのは、人脈があると、助けてもらえると期待するからです。仕事をもらうとか、何かおいしい話が転がってくると思っているからです。

一流は、出会いから影響を受けることを求めています。生き方です。

「すごいな。ああいう人がいるんだな」と思うことです。

私は大学時代に文化人類学の西江雅之（にしえまさゆき）先生に出会って、「すごい人が世の中にいるな」と思いました。

西江先生には、もちろん文化人類学も教わっていますが、何よりも影響を受けたというほうが正しいのです。

三流は、上がる株の銘柄とか、情報を求めています。

影響は情報ではありません。

言葉にしがたいようなことです。

本との出会いもそうです。

本に儲かる銘柄が書いてあるわけではありません。

そんな袋とじ的なことではなくて、何か影響を受けるのです。

どんな影響かと言われても、なかなか言葉にできません。

あえて言うなら、「興奮した」「ワクワクした」「こんなことはしていられない」ということです。

お金がテーマの講演で、アンケートに「今、どの株を買えばいいかを聞きたかった」と書く人は、情報を求めに来ています。

一流は、影響を受けに来ています。

「中谷塾に行くと、どんなことを教えてくれるのですか」と聞くこと自体、情報を求めているのです。

テクニックや裏ワザを聞くよりも、いかに影響を受けたかのほうが大切です。
私は子どもの時に教会で英語を習っていました。
文法は1つも教わっていません。
それでも外国人と接する感覚が身に着きました。
それが影響を受けたということです。
師匠と弟子の関係は、技を教わるというより、師匠に感化されるということです。
吉田松陰は、牢にいながら、同じ牢にいた囚人たちに勉強を教えました。
何かを教えたというよりは、影響を与えたのです。
どんなに情報を得ても、人間は生まれ変わりません。
影響を受けることで、生まれ変わります。
量的な変化ではなく、質的な転換、化学反応が起こるのです。
その場所に行き、その人に会うことによって、影響があったかどうかということです。
単純に利害だけを求める人は、情報・チャンス・仕事をもらいに行くだけです。

それでは影響は与えられません。

情報を求める人は、欲しい情報がないと「おいしい話をくれなかった」と文句を言うのです。

今までの人生の中で、誰に教わったかではなく、誰から影響を受けたかのほうが、より大切です。

人生を豊かにする
友達をつくる工夫

09

影響を受けよう。

10

FIRST CLASS

差がつく情報は、人から入ってくる。

今の時代は、ほとんどの情報がインターネットで入ってくると思い込みがちです。

これが情報化社会の怖いところです。たしかに大量の情報が入ってきます。

ただし、インターネットから入ってくる情報は最低限押さえなければならない情報です。必要条件であって、十分条件ではないのです。

たとえば、本はインターネットで調べた情報では書けません。

みんなが知っている情報を書いても仕方ないのです。

本に書くことは、「エッ、そうなの」ということです。

みんなが知らないことが情報です。みんなが知らない考え方が情報です。

インターネットには情報はありますが、考え方はありません。

本には考え方が書かれています。考え方は、生身の人間から得られます。

いまだに人間がスパイをやっているのは、そのためです。

スパイを暗殺したり、誘拐したり、中世と同じことをやっているのは、差のつく情報は人間が持っているからです。

どんなに大容量のネット社会でも、人間の持つ情報量には到底かないません。

むしろ情報はインターネットに任せて、人間は考え方を持ち歩く器になるほうがいいのです。

人と出会うのは、情報をもらうためではなく、考え方をもらうためです。

人生を豊かにする
友達をつくる工夫

10

ネット情報で満足しない。

第 2 章

CHAPTER TWO

ほめてくれる人より、叱ってくれる人とつき合う。

11
FIRST CLASS

三流は、ほめてくれる。一流は、ほめない。

一流は、成長できる人とつき合います。

三流は、ほめてくれる人とつき合います。

一流と三流は、つき合っている人が違います。

世の中がほめられるのを求める社会になっています。

習いごとに行っても、ほめてくれる先生がいます。

「私はほめられて伸びる人だから」と言うのです。

一流と三流とで、何が根本的に違うかです。

人材育成の研修では、「ほめて伸ばしたほうがいいですか。叱って伸ばしたほうがいいですか」という質問をされます。

ポイントは、誰を基準に置いているかです。

一流は、ほめてもらうことなど求めていません。

求めているのは、自分がどうしたらもっと成長できるかということです。

三流は、成長ではなく、ほめてもらうことを求めます。

レッスンで私がダメ出しをすると、ほめてもらいに来た人は、唇をとんがらかして、みけんにシワを寄せます。求めていた言葉ではないからです。

ある人に会うかどうか迷った時は、その人と会うことによって自分が成長できるかという基準で考えます。

友達や習いごとを、「ほめてくれる」という基準で選ぶと、ひたすら三流に向かっていくのです。

スティーブ・ジョブズは厳しい人です。なかなかほめてくれません。

それは一流を育てようとしていたからです。

一流にしないと会社は存続しないのです。

一流は、ほめられるとイヤな気持ちになります。

何かバカにされている感じがするのです。

そもそも自己肯定感が高いので、ほめてもらう必要はまったくありません。

三流は自己肯定感が低いので、常に誰かにほめてもらいたがります。

私はダンスを始めた時に、「見る人が見たら、この人はちゃんとした先生に習った人だとわかるようになりたい」と先生に言いました。

大切なのは、一流の人が見た時の基準です。

ダンスを習いに来る人の半分は、シロウトにほめてもらうために来ています。

そういう人は、自分が踊っているところをユーチューブに流します。

一流は、そんなことは恥ずかしくてできません。

自分の無様な出来を人に見せることなどできないのです。

俳優の中井貴一（なかいきいち）さんは、自分が出演した映画の試写は公開まで見ないそうです。

見たら自分の演技に落ち込んで、宣伝できなくなるからです。

「『皆さん、見てください』という作品ではない。自分の納得がいっていない」と言うのです。

それは中井さんが一流だからです。

自分の目が厳しいのです。

ダンスをやっている人が、ダンスをやっていない人に自分のダンスを見せると、「すごーい」と言われます。

「ほめる」も「叱る」も、どちらも三流を育てる考え方です。

ある人が奥さんに「浮気してもいい。ただし、自分を成長させる人と浮気しろ」と言いました。これはカッコいいです。

自分をおとしめるような浮気をしてはいけないのです。

ほめてほしい人は、ほめてくれる人とつき合います。

成長したい人は、成長していく人とつき合います。

2つのグループは、それぞれちゃんと成り立っているのです。

人生を豊かにする
友達をつくる工夫

11

ほめてくれる人より、成長させてくれる人とつき合おう。

12

FIRST CLASS

先生はほめるけど、成長している師匠は、ほめない。

師匠は、ほめてくれません。
先生は、ほめてくれます。
先生は、言ってみれば、自動車運転教習所の教官のようなものです。
ほめてくれるのは、「できました」のハンコを押してもらうのと同じです。
師匠は、現役で戦っているF1ドライバーです。
自分が成長しようとしているのです。
師匠と弟子は、共感できています。
それ以上、何もする必要はありません。
先生と生徒のレベルは、卒業していく関係です。

ハンコを押してもらうためにつき合う関係には、絆がありません。
その場ではペコペコしていても、よそで悪口を言っています。
師匠と弟子は、お稽古の前に、お互いに「よろしくお願いします」と礼をして始め、「ありがとうございました」で終わります。

上司と部下も、先生と生徒ではなく、師匠と弟子の関係になるほうがいいのです。

人生を豊かにする友達をつくる工夫

12

先生と生徒より、師匠と弟子になろう。

13
FIRST CLASS

三流にほめてもらうより、一流にダメ出しをもらう。

ほめてもらいたい人は、誰でもいいからほめてもらいたがります。

一流は、ほめてくれません。

三流をほめてくれるのは、四流の人です。

ほめてくれれば、四流の人でもいいのです。

一流は、自分より上の人にダメ出しを求めます。

自分よりレベルの下の人にほめられても、うれしくもなんともありません。

自分より下の人にダメ出しされても、全然平気です。

そちらへ目が向いていないし、耳にも入ってきません。

三流は、ほめられると謙遜(けんそん)するくせに、四流の人に悪口を言われると激怒して反論します。
そちらに耳が向かっているからです。
ますます勉強する時間がなくなって、限りなく四流に近づいていくのです。

人生を豊かにする友達をつくる工夫

13

ほめよりも、ダメ出しをもらおう。

14
FIRST CLASS

師匠に、ほめるも、叱るもない。

三流は、よく「叱られた」と言います。

一流は「叱られる」とは感じません。

同じ先生に習っていても、「いつも叱られている」と言う人と「叱られたことなんか1つもない」と言う人とに分かれます。

私は、ビジネススクールで世界に通用するビジネスマンを育てています。

厳しくやっていますが、叱ったことはありません。

それを「叱られた」ととらえる人がいるのです。

ほめられることを求める人は、アドバイスをしても「叱られた」と受け取ります。

本来、教えてもらったのだから、感謝するのが普通です。

「叱られた」→「へこんだ」という流れはおかしいのです。

無視されて叱ってもらえないほうが、よほどへこみます。

京都で「お上手ですね」と言われたら、からかわれているのです。

三流は、それに気づかず、ほめられたと喜んでいます。

「上手だね」というのは、明らかに上から目線の言葉です。

ほめ言葉集は、江戸時代からありました。

たとえば、ダンスを初めて習いに来た人に「ダンス、やってました?」と言うのは、お客様をほめるテクニックです。

こういう言葉は江戸時代からあるのです。

ほめようがない時は「筋(すじ)がいい」と言います。

歌でほめにくい人は「気持ちが入っている」と言われます。

具体性がないので、意味がわかりません。

これはお客様に喜んでもらうためのサービスマニュアルです。

「叱られた」と感じているうちは、一流にはなれないのです。

人生を豊かにする
友達をつくる工夫

14

「叱られた」ではなく、「教えてもらった」と感じよう。

15
FIRST CLASS

成長を優先する人同士がつき合い、ほめることを優先する人同士がつき合う。

成長しようと頑張っても、すぐには結果は出ません。

くじけそうになるのを支えるのは、成長させてくれる先生と、一緒に成長を目指している仲間です。

成長を目指している人間は、成長を目指している仲間と出会えます。

ほめてほしい人は、ほめてもらいたい仲間と一緒にいます。

これが女子会です。

うまいことに、成長を目指すグループとほめ合うグループは接触がないので、問題はないのです。

逆に言えば、怖いです。

自分が今、どちらのグループにいるかです。
ただただほめられるだけなら、自分はヤバいグループにいるのです。
ほめ合う人のほうが圧倒的に多いのです。
女子会は、ほめ合いがとまらなくなっている場になっているのです。

人生を豊かにする
友達をつくる工夫

15

成長仲間になろう。

16
FIRST CLASS

3歳までにたっぷりほめてもらった人は、厳しくされることを望める。

一流は、他人にほめてもらわなくても自己肯定感を持つことができます。

ゼロ歳から3歳までの間に、親からたっぷりほめてもらったからです。

そういう子どもは、自分の中でほめられることに満足しています。

この間にほめられ方が足りなかった子どもは、一生ほめてくれる人を探すようになるのです。

自分の中で自己肯定感を高めることをすれば、三流も一流に変わることができます。

変わるポイントは、厳しい人にしがみついていくことです。

それしか変わる方法はありません。

ほめてくれるA先生と厳しいB先生がいたら、ついA先生を選んでしまいます。

3歳までにほめられてなくても、その分を自分の中で納得できるようにすればいいのです。

自分が自分をほめられたら、他者からほめられることを求めなくなるのです。

人生を豊かにする
友達をつくる工夫

16

ほめよりも、厳しさを求めよう。

17
FIRST CLASS

一流は、成長させることを愛と感じ、三流は、慰めることを愛と感じる。

三流は、ほめてくれることを「優しい」「愛がある」と言います。

厳しいダメ出しをすると、「冷たい」と言うのです。

私もよく「先生、冷たい」と言われます。

一流は、ほめられると「冷たい」と感じ、厳しいひと言を「愛がある」「優しい」と感じます。

「優しい」とか「愛がある」という言葉の定義が、一流と三流とでは違うのです。

アマチュアがプロから「お上手ですね」と言われるのは、完全にアマチュア扱いされています。

テニスをやっている人が錦織圭（にしこりけい）選手に「お上手ですね」と言われたら、明らかにバカにされています。

松岡修造(まつおかしゅうぞう)さんは「お上手ですね」と言いません。

「そうだ。それでいいんだ」「そこはもっとこうするんだ」としか言わないのです。

それが最高のほめ言葉です。

松岡修造さんが「うまいなぁ。テニス、やってました?」と言うのは想像できません。

三流は、つらいことがあると慰(なぐさ)め合います。

お食事会、飲み会、女子会で、傷のなめ合いが起こっているのです。

人生を豊かにする
友達をつくる工夫

17

慰めより、成長を求めよう。

← 18 FIRST CLASS

成長のアドバイスをするには、嫌われる覚悟がいる。

ダメ出しは、今できていないところを指摘することです。

それをすると、生徒が離れていく可能性があります。

町へ行けば、ほめてくれる習いごとのほうが圧倒的に多いのです。

そういうところは、お店とお客様の関係になっています。師匠とのつき合いも、弟子とのつき合いも、どちらも人脈です。嫌われてもいいから厳しいことを言うことが、師匠の覚悟です。ほめておいたほうが丸く収まる。疲れないし、お金も入ります。

それでも、かつて自分の師匠に覚悟を持って叱ってもらった人は、そのお返しとして弟子を叱るのです。

ほめられて育った人は、先生になっても同じようにほめるようになります。

お客様がお客様に教えているのと同じで、レベルはまったく上がりません。ほめてもらいたい人は、習いごとに癒やされに行っています。

「成長」という発想が、そもそもありません。自分が気分よくなれば、それでいいのです。「あなたは間違っていない」と言ってほしいだけです。

『ドラえもん』の秘密道具の1つに「いたわりロボット」というのがあります。のび太君が、勉強をしないでテストの点数が悪くて叱られた時に、「でもね、エジソンだって勉強できなかったんだよ」と慰めてくれます。

のび太君は「そうか。僕はエジソンになれるんだ」と、元気になります。

ところが、未来TVで見ると、のび太君はホームレスになっているのです。

その時に、いたわりロボットは「これで盗まれるモノはないし、いいじゃない」と言うのです。ほめる系の本を読んでも、人は成長しないのです。

人生を豊かにする
友達をつくる工夫
18

嫌われても、相手のために厳しいことを言おう。

19
FIRST CLASS

アドバイスを受けるには、自分を直視する覚悟がいる。

「ここができていないよ」と指摘されると、覚悟のある人は「たしかにそうだな。ヤバい」と冷や汗をかきます。

覚悟のない人は、「そんなことありません。たまたまです。今日初めてです」と言います。

または「説明させてください」と言うのです。

初めてのはずがありません。

説明ではなく、明らかに言いわけです。

それを長々と言うのです。

この人はアドバイスを受ける覚悟がありません。

アドバイスする側は、覚悟を持ってアドバイスしています。

アドバイスを受ける覚悟のない人には、アドバイスしたくなくなるのです。

人生を豊かにする
友達をつくる工夫

19

言いわけしない。

第 3 章

CHAPTER THREE

自分からアプローチすることで、出会える。

20

FIRST CLASS

会に、早めに来る人に出会いがある。遅くまでいても、出会いがない。

出会いがあるのは「早めに来る人」です。

5人の会でも、1000人のパーティーでもです。

遅れてくると、ゴチャゴチャで主催者にすら会えない状況になります。

どんな会にも、遅れて来る人が必ずいます。

その人は寂しがり屋です。定時に行って誰にも話しかけてもらえないと寂しいのです。仕事で忙しいわけではなく、わざと遅れて行きます。

遅れて来るのは、いつも同じ人です。自意識過剰なのです。

そういう人に限って長居をします。遅く来て、遅く帰るのです。

本人としては、「いてやっている」という感覚です。

人生を豊かにする友達をつくる工夫
20
早めに行って、早めに帰ろう。

主催者側は、「帰ってくださいと言うのもなあ」と困っています。
内輪のスタッフしか残っていないことに気づかないのです。
完全にスタッフの打上げなのに、まだお客様がまじっているという状態です。
本人は、遅くまで残っていると何か出会いがあるんじゃないかと思っています。
こういう人には出会いはありません。
スタッフにかわいいコが1人でもいた日には、ずっと残っていたりします。
ただの迷惑な人です。
主催者としては、まだ人数が少ない早い時間に埋めてくれるほうが助かります。
だんだん人が集まってくると、1人1人にまんべんなく挨拶できなくなるのです。
三流は、遅く来て、忙しい時に長話をして、自分を印象づけようとします。
それは逆です。人数が少ない早いうちに行くことで、じっくり話ができるのです。

21

FIRST CLASS

売れるタレントさんは、入り時間より早く来る。

これから売れるタレントさんは、楽屋（がくや）入りが1時の時に12時に入ります。

そうすると、1時間はスタッフと話す時間ができます。

話しているうちに、その人と友達になります。

たとえまだペーペーでも、そのスタッフがいつか偉くなった時に一緒に仕事ができるのです。

時間どおりに来ても、みんながその時間に来るので、雑談をしている時間はありません。

三流は、忙しいふりをして、「自分の時間がもったいない。そんな早く行く必要がない」と言うのです。

ここで出会いを失います。

この話をすると、三流から「早く行くと、本当に出会いがありますか」という質問が出ます。

そんなことはわかりません。

ただ早く行っただけで終わることもあります。

出会いは、そういうものです。

「何%の確率」という答えがないのが出会いです。

「100%の出会いがあるなら行くけど、なかったら行かない」ということではないのです。

日々、小さなことを習慣的に積み重ねているかどうかで、人脈のある人とない人とに分かれるのです。

人生を豊かにする
友達をつくる工夫

21

予定時間より、早く行こう。

22

FIRST CLASS

自分の意見を言うことは、反論されて当たり前だ。

「ブログを書いたら、反論されて炎上しました。信じられない。人間不信になりました」という悩み相談がよくあります。

この人は、「自分の意見を述べたら反論が来ること」を当たり前だと思っていなかったのです。

何か自分の意見を述べると、必ず反論が来ます。

それは「反論」という意見だからです。

この人は、頭の中で「ほめられる」を求めていたのです。

「素晴らしい」「いいね」という賛同が返ってくると思っていたのに、「あなたの言っていることは間違っている」と言われると「エーッ、そんなことってありえない」となります。反論がないということは、無視されたにすぎません。

こういう人は、次に「やっぱりブログじゃなくて、本を書こうかな」と考えます。

その考えはおかしいです。

本を書けば、なおさら人間不信になります。

本を書くなら、反論される覚悟が必要です。

一流は、反論を聞いて「なるほど」と思います。

反論に対して説明する時にも、池上彰（いけがみあきら）さんは「いい質問ですね」と言います。

そのプロセスがあると、説明する理論がより強固になります。

ディベートは、自らに反論することで準備をします。

「そこの穴は気づかなかった。なるほど、そう考える人もいるな。そう考える人にはこう説明しよう」と、反論が出れば出るほど説得力が増すのです。

人生を豊かにする
友達をつくる工夫
22
炎上に、強くなろう。

23

FIRST CLASS

一流は、ツッコんでくれる人とつき合う。

「いいね」と賛同されることだけを思って話す人は、理論的に説得力が浅いものになります。

これを「腹話術理論」と言います。

腹話術というのは、いっこく堂さんがやっているように、人形が必ず刃向かってくるものです。

ところが、腹話術のアマチュアの人は、人形が「そうですね」「いいですね」とヨイショしてしまいます。

腹話術に見えないのは、人形が「そうですね」「いいですね」「素晴らしい」しか言わないからです。

腹話術で肝心なのは、ツッコミです。

人間関係でも、ツッコみ合う関係は仲よしです。

「そうですね」「いいですね」「なるほど」「すごい」しか言わないと、仲よしに見えません。

ポンポン軽口を叩き合ってツッコんでいると仲よしに感じます。

反論は、ツッコミと同じです。

反論があることで、ますます相手と仲よくなれるのです。

人生を豊かにする
友達をつくる工夫

23

ツッコみ合う関係になろう。

24

FIRST CLASS

人間関係の充実が、その人の若さだ。

人間関係が潤っている人は、いつまでも若々しくいられます。

実年齢が若くても、人間関係が潤っていない人は、もはや老い朽ちたりという状態です。

実際、シニアの幸福度は、つながりがあるかどうかで違います。

そのつながりは、「人脈」という言葉が持っているどこか利害関係が絡むようなイヤらしさではありません。

利害関係のないつながりが、その人の幸福度を高めたり若さを保ちます。

ひとりぼっちでもまったく心配がないなら、それはそれでいいのです。

孤独がある人のほうが友達ができます。

ただし、寂しいとかネガティブな感情を持ったり、仕方なく追い詰められた孤独の場合は、つらくなります。

リアルで顔のわかるナマのつき合いがどれだけあるかで、その人がいつまで若々しくいられるかが決まるのです。

人生を豊かにする友達をつくる工夫

24

人間関係を充実させよう。

25
FIRST CLASS

100%いい人も、100%悪い人もいない。

「裏切られた」と言うのは、つい先日まで「あの人はいい人」とさんざん言っていた人です。

「あの人はすごい」と言っていたのに、「ひどい。がっかりした」と、まるでワイドショーのように持ち上げて落とします。

これは、世の中には悪人と善人がいるという人間論によるものです。

100%いい人と100%悪い人がいると思っているのです。

そういう人は、昔の時代劇の中にしかいません。

実際は、「あの人、悪い人だと思っていたけど、実はいい人だった」「いい人だけど、ここはひどいよね」というのが近代の時代劇です。

1人の人間の中に1%から99%までのグラデーションがあるのです。

これが人間の大人の見方です。

一流の人は、人間をいい人と悪い人とで分けません。

すべての人間に、いい部分と悪い部分があります。

だから「裏切られた」「ショック」「がっかりした」とはなりません。

自分の中にも最初から両方あるのです。

「私はウソをついたことがない」と言うのはおかしいです。

三谷幸喜(みたにこうき)さんの舞台「君となら」は、主人公の竹内結子(たけうちゆうこ)さんが70歳のおじいさんと結婚するという設定です。

お父さんの草刈正雄(くさかりまさお)さんが心を痛めるという話です。

お父さんに紹介する時に、竹内結子さんがいろいろウソをつきます。

「ウソを隠すためにさらにウソを」というのは、三谷さんのお得意の世界です。

最後に、お父さんにウソをついて正直に言っていなかったことが、70歳のおじいさんにわかります。

そこへ息子まで来て「あなた、うちの父をいくつだと思っているんですか。うちの父をバカにするのやめてください。または財産狙いだったらやめてください。かわいそうだから」と言いました。

竹内結子さんが「知っていますよ、70歳ですよ」と言うと、おじいさんが「73歳なんですけど」と言いました。

それに対して竹内結子さんが「73歳になってもまだ3つサバを読むってかわいいじゃないですか」と言います。

そのあと、クライマックスで、実は73歳の人が状況をみんなわかっていて、「自分はだまされているふりをしていました」と告白する場面があります。

その時に「僕は君より長く生きている分だけ、君よりたくさんのウソをついてきた。僕も大ウソつきだ。でも自分にはウソはつかない。君は自分にウソをついちゃダメだよ」といういいセリフがあるのです。

「人にはウソをついてもいいけど、自分にはウソをついちゃダメだ」というのは感動的な場面です。

三谷さんのお芝居は、感動させた時に必ずあとで笑いが来ます。

「正直に言おう。僕は君に歳をごまかしていた。70歳と言っていたけど、ごめん71歳でした」と、正直に告白すると言いながら、まだ2つウソをついていたのです。

いい人と悪い人という分け方は、人を切り捨てる考え方と同じです。

それでは妙に期待しすぎて逆ギレしたりします。

人間は、善悪だけでは分けられないのです。

この考え方はルネッサンスです。

ルネッサンス以前の中世では、神は善、人間は悪という考え方でした。

だから修行する必要があるのです。

イタリアのレオナルド・ダ・ヴィンチは、ルネッサンスが生んだ天才です。

イギリスでは、シェイクスピアが1600年ごろのイギリス・ルネッサンスを代表する人物でした。

ハムレットは、100かゼロかの間でひたすら迷い続け、1から99の中で揺れ動く男です。

シェイクスピアが37の戯曲すべての中で統一して言っていることがあります。

『ロミオとジュリエット』『マクベス』にも出てきますが、「きれいは汚い。汚いはきれい」というセリフです。

両方ないまぜになっているのが人間復興です。

「正しいは間違っている。間違っているは正しい」というのが人間だからです。

狭い小学校で1クラス40人までなら、「正しいは正しい。間違っているは間違っている」でもＯＫです。

社会に出ると、それでは一流のつき合い方ができないのです。

人生を豊かにする友達をつくる工夫

25

いい人と悪い人で、分けない。

26
FIRST CLASS

悪は、相手ではない。相手に乗り移った考え方が悪だ。

たとえば、相手が悪いことを言ったり、悪いことをしました。

その時、相手を悪だと考えないことです。

たまたま相手に悪な考えが乗っただけです。

風邪をひいた状態と同じです。

風邪をひいている人に対して「ウイルス」とは呼びません。

人間が風邪のウイルスに感染しているだけなので許せます。

風邪をひいた人には「風邪ひいて大変だね。休んで。ムリしなくていいよ」と言います。

「出た、ウイルス。あっちに行け」と言うのは、風邪をひいている人とウイルスの区別がついていません。

人を憎むのも同じ理由からです。

その人によくない考えが感染しているだけなのに、人間自体の土台をよくない人ととらえて「あっちに行け」と言ってしまうのです。

風邪なら、1週間寝ていれば治ります。

悪い考えに感染している人も、時間がたてば変わるのです。

ヤンキーになっているコは、結構このパターンです。

『学年ビリのギャルが1年で偏差値を40上げて慶應大学に現役合格した話』のようにヤンキー出身で慶應大学に合格する人もいれば、経営者になってバリバリやっている人やNPOで人を助けている人もいます。

これは一時期、たまたまヤンキーに感染していただけなのです。

憎むこと自体がエネルギーの浪費になります。

それよりは、風邪をひいた時のように「感染してかわいそうだな」と思ってあげればいいのです。

自分も風邪をひくことはあります。憎まれるのは、風邪をひいた時に「ウイルス、あっち行け」と言われて悲しいのと同じなのです。

人生を豊かにする
友達をつくる工夫

26

憎むより、慈しもう。

27

FIRST CLASS

誰もが寄りつかない人が、出会いを待っている。

世の中には、嫌われている人がいます。

その人には誰もが寄りつきません。

その時こそ出会いのチャンスです。

性格的に嫌われたり、怖そうと思われている人には、あまり人が寄りつきません。

新聞でバッシング記事が出たり、「前まで景気よかったけど、経営不振になって更生法を申請したらしいよ」となった瞬間に、バッと人がひくことがあります。

これをやるのは三流です。

一流は、みんなが寄っている時には近づきません。

その他大勢にまじるだけだからです。

みんながひいた時にそばに行けるのが一流のつき合い方です。

興味本位で人とつき合うことはしません。

自分の仲よしが売れた時は、喜んであげればいいのです。

ダウンした時に、「負のオーラがうつらないように近寄らないようにしよう」とする人がいます。

「エーッ、株買ってたのに。紙くずだよ。この株買い取ってください」と文句を言うのは、つき合い方が間違っています。

私は「この株で一緒に夢を見られたから」と、紙くず同然になった株を記念にとってあります。売っても二束三文（にそくさんもん）にしかなりません。

その株を売るのは、過去を否定することになります。

中止になったポール・マッカートニーのコンサートチケットも、「カネ返せ」と言うよりは、記念に持っておいたほうがいいです。

幻の公演です。

払い戻しに行くのはもったいないです。

自分が好きだから行こうとしていたコンサートです。
中止になった時は、さらに値打ちがつくものになるのです。

人生を豊かにする
友達をつくる工夫

27

誰もが寄りつかない人を、訪ねよう。

28
FIRST CLASS

人を助けることは、自分を助けることだ。

人を助けてあげることは、時間差で自分を助けているのと同じです。

今助けている人は、未来の自分なのです。

「なんで見返りもないのに助けなくちゃいけないのか」と考えないことです。

見返りの見えているものは、その先には何もありません。

「見返りが明らかにないよね」と思えるものは、未来になるとめぐりめぐって必ず自分に戻ってきます。

そう考えると、見返りのあることばかりやっている人は、将来の見返りがないのです。

今の見返りがあるものは、そこで支払いが終わっているからです。

将来にあるのはリスクのみです。
リスクを先送りしたからです。
先にリスクをとっておくと、それ以上のリスクは起こりません。
今リスクを誰かに渡した人は、いつかはリスクが自分にまわってくるのです。

人生を豊かにする友達をつくる工夫

28

人を助けよう。

第 4 章
CHAPTER FOUR

嫌われることを、恐れない。

29

FIRST CLASS

友達を、頭数で数えない。

就職活動でも「僕は友達が何千人いて」と言う人がいます。

そうすると、面接官は「こいつ、友達がきっといないぞ」と感じます。

昔は、友達の多さを人数で言っていましたが、最近は「フォロワーが……」「1日のアクセス数が……」「ページビューが……」と言います。

これは全部、友達を頭数で数えています。

ほとんどが顔のわからない友達です。

顔のわからない人から「友達申請してもらえますか」と言われると、「こっちもやってもらってるしな」と、バーターでわからない同士が友達になります。

友達を頭数で増やそうとすると、顔のわからない人をまぜていくしかありません。

友達の数が増えた瞬間に、素敵なつながりと反比例します。

一流の人は、友達を数では語りません。

「友達いないです」「友達は超少ないです」と言えるのが、本当に友達のいる人です。

「友達多いですよ」と言う人のほうがわびしさを感じるということに、三流は気づいていないのです。

人生を豊かにする
友達をつくる工夫

29

顔のわからない友達を増やさない。

30

FIRST CLASS

2人きりで会うと、大切な話ができる。

三流は、「今度ごはん食べましょうよ」と言うと、すぐ「誰か呼びましょうよ」と言います。

「私も誰か呼びますから、誰か呼びませんか」と言って必然的に4人にしようとします。そのほうが出会いになると思っているのです。

呼ばれた人も「あんたも誰か呼んできなさいよ」と言われると、6人になります。

これで無限に増えていくのです。

そうすると、よく知らない人までまじってきます。

一流は、「誰か呼びましょうか」と言われると「いや、2人にしましょう。じっくり話したい」と言います。

そう言われたほうが相手もうれしいです。

「誰か呼びましょうか」

というひと言に対しての返事の仕方で勝負が決まります。

相手が気を使って言っている可能性もあります。

これは恋愛で言うとわかりやすいです。

「君は誰か絶対連れて来てね」と言われると、恋人の対象にされていません。

「友達も連れていっていい?」と言われた時は、脈がありません。

恋愛でなく人脈になると、急に誰でも入れるパーティー状態になる人がいます。

「誰か連れてきましょうか」と言われた時は、「2人で会いましょう」「2人きりがいいな」と言えばいいのです。

これは恋愛感情に限らず、仕事でも同じです。

「この人は自分にこの時間を全力で割いてくれる」となった時、2人で会うか3人で会うかで話の密度がまったく違います。

内緒話は2人きりならできますが、3人ではできません。

3人になると、ウワサ話になります。
それだけ2人と3人の差は大きいのです。

人生を豊かにする
友達をつくる工夫

30

3人以上で、会わない。

31 FIRST CLASS

ケンカをしたら、相手のレベルに下がってしまう。

人間がつき合うということは、近づくので、1歩間違えるとケンカになりそうなことがあります。

ある集団を抜け出そうとした時、悪口を言われたりします。

昔よりはるかに、情報化社会はケンカになる可能性が高いです。

しかも、面と向かってではなく、ネットを介したケンカはニュアンスが消えるので、取り返しがつかないケンカになってしまう危険性があります。

エネルギーも消耗します。

たとえば、ある集団を抜け出そうとして「あの人、変わった」「最近、ちょっと調子おかしい。大丈夫か」と言われました。

成長している人に対して、「あの人、最近おかしい」と悪口を言うのです。

それに対して反論をすると、結局自分がその土俵の同じレベルに戻ることになります。

ケンカを売られた時にそのケンカを買うと、相手のレベルに下がるのです。

敵と考える相手を、本当に自分の敵に値するかどうか考えてみることです。

敵を持つなら、自分より上のレベルの人を敵にすればいいのです。

ところが、上のレベルから下のレベルへのケンカは売られません。

必ず下から上に石を投げます。

上からは、石を投げるどころか、同情の目で見られます。

下から上に向かって石を投げられている時に、「おまえ何やっているんだ」と階段をおりていく必要はないのです。

完全にステップを越えてしまうと、石はもう届きません。

ワンフロア越える手前のところで一番石が飛んできます。

ワンフロア越えると、何も聞こえなくなります。

人生を豊かにする
友達をつくる工夫

31

敵に値しない人と、ケンカしない。

世界が変わるからです。

敵に値しない人とはケンカをしないことです。

「なぜケンカしないんですか」と聞かれた時は、「敵に値しないから」と言います。

「自分より強い相手を敵にしよう」と、心の中で思っていればいいのです。

この時、「みんなも上に連れていってあげたい」と言う人がいますが、それはできません。

本人が影響を受けて目覚める必要があるからです。

「連れていってあげたい」と考えて助けようとした人は、自分がもう1回下がってしまうのです。

32
FIRST CLASS

間違って罰するより、間違って許す。

冤罪(えんざい)は、間違って罰することです。

三流は、間違って冤罪をします。

一流は、間違って許します。

「罰する」と「許す」には、

① 正しく罰する

② 間違って罰する

③ 正しく許す

④ 間違って許す

の4通りがあります。

本当はやっているのに、間違って許すくらいでいいのです。
こうすることによって、つながりが生まれます。
ここで大切なのは、許したことも忘れることです。
許したことを覚えているのは、許していません。
これを「イワタ君のケンカ」と呼んでいます。
イワタ君が奥さんとケンカした次の日、「僕は許しますよ」と言います。
「朝ごはんの時、なんて言うの？」と聞くと、「昨日のことは許す」でした。
まだ怒っています。
奥さん的には「昨日のこと？」と忘れています。
「許す」とは「忘れること」なのです。
会社で上司が部下を怒りました。
翌日、部下があまりにもケロッとしていると「昨日反省したか」と言いたくなります。
「もう少しシュンとした感じがあってもいいんじゃないの」「落ち込んだ感じがあって

もいいんじゃないの」と思うと、物足りなくて言ってしまうのです。

そこは言わないほうが、相手に効きます。

ムッとしたことは忘れることです。

ムッとしないようにすると、ストレスがたまります。

ムッとして吐き出して、忘れればいいのです。

そうしないと、自分の中のストレスが消えません。

ストレスを残さずに、自分の自己肯定感も上がり、相手の自己肯定感も上がるのが一流のつき合い方です。

私はダンスをやっています。

同じスクールの女性が「ダンスパーティーに行きたいな」と言いました。

私が「ごめんごめん、先週あったばかりなんだよ。誘うのを忘れてた」と謝ると、

「いや、誘ってもらったんですけど、私ドタキャンしたんです」と言われました。

しばらく間を置いて、「そうじゃん。なんで僕謝ってるんだ。君、とんでもないことしてるんだよ。でも、今忘れてた。完全に謝っちゃった」と、ようやく思い出しまし

た。

それぐらい私は忘れるのです。

これが間違って許すということです。

間違って罰する、間違って許す以上の「間違って謝る」もあります。

そうすれば、ストレスが残らないのです。

人生を豊かにする
友達をつくる工夫

32

許したことも、忘れよう。

33
FIRST CLASS

見えるものでつながるのが、信用。見えないものでつながるのが、信頼。

信用は、見えるものでつながることです。

銀行で「お金貸してください」とお願いすると、「担保ください」と言われます。

担保も見えるものです。

「私の心意気でお願いします」と言っても、貸してもらえません。

信頼は、見えないものでつながることです。

一流の、見えない信頼でつながっています。

三流は、見える信用でつながっています。

たとえば、お寿司屋さんに行って「お任せ」と言いました。これは、信頼です。

信頼でつながっているので、「裏切られた」はありません。

信用は、「裏切られた」があります。

「信用してるからね」「信用したのに」というのは脅迫です。

うしろによくない音楽が流れています。

信頼は、それ以上脅迫はありません。

「お任せ」と言った時に、苦手なエビが出てきて「私、エビ苦手って言ってるじゃない。もう二度と来ない」となるのは、信用です。

信頼があると、「あれ、エビが嫌いと知っているのに出したということは、嫌いな私でも食べられる何かをやってくれたんじゃないだろうか」→「食べた」→「おいしい」という展開になります。

信用と言っている時点では、「オヤジ、やっぱり忘れてた」と決めつけます。

信頼は、「覚えてくれているにもかかわらず出してきた。ということは、なんらかの工夫がされているに違いない」と考えます。

人間が人づき合いで一番つらいのは、忘れられているということです。

忘れられていることが、あらゆる逆ギレを生みます。

お客様のクレームは、ほとんどが「私が忘れられている」という感覚です。

苦手なエビが出てくると、「ほら、私はエビが苦手というのをやっぱり忘れてた」と考えます。「やっぱり」ということは、信用すらしていません。

人と人がつながる時に、いかに見えないものでつながるかが大切なのです。

恋愛では、「結婚してくれるの？　くれないの？」「将来のこと、どう考えてるの？とりあえずハンコだけ押してよ」「籍だけ入れて」というのは、見えるものでつながろうとしています。

プレゼントという見えるものを欲しがる人もいます。「あなたの愛が何諭吉(ゆきち)なのかを教えてほしい」というのは、見えるものを求めているのです。

成長は、見えないものです。

その成長は今手に入るわけではなく、未来の可能性もあるのです。

人生を豊かにする友達をつくる工夫

33

見えないもので、つながろう。

34
FIRST CLASS

信頼するとは、先にリスクをとることだ。

一流は、先にリスクをとります。
三流は、「お先にどうぞ」と言ってリスクを相手に渡します。
「みんなのリスクを私がとりますから」とできない人は、一流にはなれません。
たとえば、みんなで旅行に行くことにして会費を集めました。
最低限の人数が集まらなければ、その会費では旅行を実現できません。
人数が集まらない可能性もあります。
集まらなかった時に、「じゃ、やめにしよう」と言う人はリスクをとっていません。
そういう人は仲間とは言えないのです。
昔話の「桃太郎」に、

「桃太郎さん桃太郎さん、お腰につけた黍団子（きびだんご）、一つわたしに下さいな」
「やりましょうやりましょう、これから鬼の征伐（せいばつ）について行くならやりましょう」
「行きましょう行きましょう……」

という歌があります。

この時に「最低4人必要だから、あと2人入れば行くからね」となると、誰もついて行きません。

犬が「行く」と言ったのは、桃太郎が1人でも行こうとしているからです。

「桃太郎」では、犬種は日本犬が描かれています。

「4人集まったら行くんだけど、あと2人誰か探してきてよ。友達紹介してよ」と犬が言われたら、あとのメンバーはポメラニアンやトイプードルになります。

これでは「桃太郎」の世界観がだいぶ変わります。

現実にまず多いのは、1人で行こうとしない人です。

集まったら行くという感覚です。

「行きます」と言った人に、「誰か誘ってよ」と勧誘する人も多いです。

郵便はがき

162-0816

恐れ入ります
切手を
お貼りください

東京都新宿区白銀町1番13号

きずな出版 編集部 行

フリガナ	
お名前	男性／女性 未婚／既婚
(〒　　　-　　　) ご住所	
ご職業	
年齢　10代　20代　30代　40代　50代　60代　70代～	
E-mail	

※きずな出版からのお知らせをご希望の方は是非ご記入ください。

愛読者カード

ご購読ありがとうございます。今後の出版企画の参考とさせていただきますので、アンケートにご協力をお願いいたします。

[1] ご購入いただいた本のタイトル

[2] この本をどこでお知りになりましたか?
1. 書店の店頭　2. 紹介記事(媒体名:　　　　　)
3. 広告(新聞／雑誌／インターネット:媒体名　　　　　)
4. 友人・知人からの勧め　5.その他(　　　　　)

[3] どちらの書店でお買い求めいただきましたか?

[4] ご購入いただいた動機をお聞かせください。
1. 著者が好きだから　2. タイトルに惹かれたから
3. 装丁がよかったから　4. 興味のある内容だから
5. 友人・知人に勧められたから
6. 広告を見て気になったから
(新聞／雑誌／インターネット:媒体名　　　　　)

[5] 最近、読んでおもしろかった本をお聞かせください。

[6] 今後、読んでみたい本の著者やテーマがあればお聞かせください。

[7] 本書をお読みになったご意見、ご感想をお聞かせください。
(お寄せいただいたご感想は、新聞広告や紹介記事等で使わせていただく場合がございます)

ご協力ありがとうございました。

きずな出版　URL http://www.kizuna-pub.jp　E-mail 39@kizuna-pub.jp

人生を豊かにする
友達をつくる工夫

34

リスクを、先にとろう。

1匹目は柴犬で、2匹目はポメラニアン、3匹目はトイプードルになります。
そうならないためには、リスクをいかに先にとれるかです。
リスクを先にとる人にはついて行こうと思えるのです。

35

FIRST CLASS

1人になると、味方が現れる。

1人になることを恐れて、お誕生日・クリスマス・お正月には大ぜいで集まろうという「みんな主義」の人は、三流です。

味方が欲しいと思うなら、まずは1人になることです。

桃太郎が1人で歩いているのと同じです。

桃太郎が100人で歩いていたら、仲間は集まってきません。

途中からどんどん減っていきます。

鬼より多い集団で行くのは、鬼退治というより鬼をいじめている感じがします。

1人になってもやめないで、「日本一」の旗を持って進むことが味方があらわれるコツです。

結局、人とつながりが生まれるのは孤独になれる人です。

「孤独に耐えられないから誰か一緒にいてよ」というのは、もたれかかった関係です。

よく「共依存」という言い方をしますが、依存には「共依存」しかありません。

人とのつながりは、共依存か、自立した者同士がつき合っているかのどちらかです。

自立した人間同士がつき合っているのが一流です。

三流のつき合いは、共依存です。

共依存は、相手がダメになればなるほどうれしくなります。

相手が自立したり、成功すると「裏切られた」となります。

この時の「自立」には3つの意味があります。

① 経済的自立

「お金がないから結婚して」と言うのはおかしいです。

② 精神的自立

「1人でいるのが寂しい。誰でもいいから結婚したい」と言うのもNGです。

③ 家事的自立

男性に多いのが「洗濯できない、掃除できない、ごはんつくれない」と言う人です。

この3つの自立ができる人は、友達ができます。

恋愛だけでなく、同性同士、仕事関係でも、この3つの自立ができる人は人とのつながりができます。

だからといって、いつもべったりいることではないのです。

人生を豊かにする
友達をつくる工夫

35

1人になろう。

36
FIRST CLASS

嫌われる点で、好かれる。

嫌われるポイントがあることは、その人が好かれるポイントになります。

それは個性だからです。

「私こんないいところがあるんです」と言う人は好かれません。

好かれる人は、あだ名が多いです。

あだ名はヘンなポイントだからです。

オシャレなあだ名は、あまりありません。

広まるのはヘンなあだ名です。

本人は納得していないところです。

「もうその話はやめてほしい」と思うような過去の大失敗や、肉体的なヘンなところがあだ名になります。

それを自分で認めて名乗れるようになった人は、一皮むけたということなのです。

人生を豊かにする
友達をつくる工夫

36

嫌われる個性を、とんがらせよう。

37
FIRST CLASS

嫌われることで、わずらわしい人間関係が減る。

わずらわしい人間関係が減ると、自分の時間が生まれます。

本を読んだり、習いごとをしたり、勉強する時間ができると、成長します。

みんなから好かれている人は、なかなか成長できません。

みんなが集まって時間が奪われるので、自分の勉強時間がなくなります。

成長し合う関係の人は、たまに会います。

一緒にいる時間はきわめて短いです。

ところが、ほめ合う関係の人は、相手との親しさを一緒にいる時間の長さではかります。

毎日会っていると、「なんで明日来られないの？」と言われます。

べったりした関係になるのです。

成長し合う関係の人たちは、必死に戦っています。

お互いに、自分の戦いをしています。

修行している、修羅場をかいくぐっている、勉強しているということがわかるので、連絡がないのはよい便りと考えます。

「なんで返事ないんですか」「なんで開封してくれないんですか」と言うことはありません。

むしろ好かれないで嫌われたほうが成長できていいのです。

人生を豊かにする
友達をつくる工夫

37

嫌われよう。

第 5 章

CHAPTER FIVE

お客さんではなく、同志としてつき合っていく。

38

FIRST CLASS

お客様になって、要望すると つながれない。

先生と生徒の関係よりも下のレベルが、お店の人とお客様の関係です。

習いごとの先生に「予約がなかなかとれない」と文句を言っている人がいます。

「料金の説明をもっときちんとしてほしい」と文句を言う人がいます。

レストランにごはんを食べに行くことと、習いごとの区別がついていないのです。

レストランなら言ってもいいですが、習いごとでそんな文句を言う人は普通はいません。

私は、15年通っているダンスのレッスン料を知りません。

「いくらぐらいですか」とよく聞かれますが、聞いてくる人は実際にはやらない人です。

「暑い」「寒い」「高い」「安い」と文句を言うのは、お客様です。

お客様扱いになると、危ないのです。

先生がお金のためにやるようになるからです。

お客様に気に入られるために、ほめる先生になるのです。

それなら銀座のクラブに行ったほうがいいのです。

銀座のクラブは成長を求めていません。

実際には、一流の経営者はクラブのママさんに怒られています。

下っぱはヨイショされています。この違いです。

下っぱはヨイショされると、喜んで来ます。

一流の経営者は叱ったほうが来ます。

世の中全体は、ほめてもらいたがる人が増えています。

一流よりも三流のほうが圧倒的に多いからです。

一流の人間は、ほめられて伸びることは求めません。

求めるのは「何を直せばいいか」ということです。

ダメ出しをしてもらったほうがヤル気が湧いてきます。

自分がほめられてモチベーションが上がるのか、ダメ出しをされてモチベーションが上がるのか、振り返ってみることです。

それで一流か三流かが分かれるのです。

たとえば、映画の主役は、監督に「そこはもっとこうしてください」とダメ出しをされます。

通行人役の人が監督に「さっきの歩き方、これでいいですか」と聞いても、「あんな感じで。最高」と言われるのです。

ここの違いです。

条件に対してクレームをつける人は、お客様です。

習いごとをしているのに、師匠と弟子の関係ではなく、自ら選んでお店の人とお客様になっているのです。

本は学びです。

本に文句を言うのも、お客様側になっています。

本1冊をとっても、弟子として読むか、お客様として読むかの違いがあるのです。

人生を豊かにする
友達をつくる工夫

38

お客様にならない。

39

FIRST CLASS

本当の仲よしは、長居しない。

お通夜でも親しい人ほど、さっと帰ります。パーティーで、長居する人は本当の仲よしではありません。

特に、ホームパーティーでの長居は迷惑です。

長居するのは、「みんなに認められている感」の薄さを時間の長さでなんとか埋めようとするからです。

自分に自信がないから、とりあえず時間でアピールするのです。

究極、人とつき合えない人は1人になれない人です。

1人になれる人が人とつき合えて、1人になれない人は人とつき合えないのです。

長居する人は1人になれない人です。

人間は、自信がなくなってくると人に会いたくなります。

いつも人に会いたがっている人は、人とつき合えなくなります。
本当に人とつき合えるのは「1人でもいいや」と思っている人です。
人脈の本でこんなことを言うのは微妙ですが、これは逆説的に正しいのです。

人生を豊かにする
友達をつくる工夫

39

長居しないようにしよう。

40

FIRST CLASS

仲よし友達3人の平均が、あなたの年収だ。

私は、講演で「自分の仲よしの3人の名前をメモしてください」というお題を出すことがあります。

みんなが書いたところを見計らって、「見せるものではないので、勝手な想像で書いてください。横の人のをのぞき込まないでください」と言いながら、その3人の年収を書いてもらいます。

「書けたら、その3人の年収の平均を出してください」と言うと、だいたいの金額が出てきます。

「それがあなたの年収です」と言うと、あわてて「違うんです。こっちの人にしようと思ったんです」と、急に替えようとするのです。

そこで替えなくてもいいのです。それこそが自分の年収です。

ファッション・マナー・健康状態など、すべてにおいて、誰もが自分の仲よしのレベルでちゃんとしているのです。

「ちゃんとしよう」と言うのは間違いです。

誰もがそれぞれのレベルでちゃんとしているのです。

そのレベルは、つき合っている仲間で決まります。

東大生に東大に通る方法を聞くと、「進学校に行くこと」と答えます。

三流校は、勉強していないのが普通です。

進学校は、勉強しているのが普通です。

日常会話で物理や高等数学の話をして盛り上がっています。

だから、「普通のことしかしていません」と言うのです。

人生を豊かにする
友達をつくる工夫

40

当たり前のレベルを上げよう。

41
FIRST CLASS

答えのない問題で、仲よくなれる。

一流は、答えのない問題をみんなでワイワイ言いながら盛り上がっています。
三流は、答えのある問題を話し合います。
答えのある問題は、正論です。
三流は、答えのない問題はどうしていいかわからないのです。
中谷塾で「この問題には正解がないよ」と言うと、ガッカリした顔になる人がいます。
「どうして正解のない問題を出すのですか」と言うのです。
そんなことを言うと、映画は見られないし、文学も読めません。
解釈に正解はないのです。
答えのない問題を、どう共有できるかです。
師匠と弟子の関係は、答えのない問題の共有です。

先生と生徒の関係は、答えのある問題の共有です。
自動車運転教習所の試験で「尊敬する人は？」という問題が出ることはありません。
プロボクサーの筆記テストは10問あります。
その中の1問は「尊敬するボクサーは？」という問題です。
みんなは所属するジムの会長の名前を書きます。
これはサービス問題です。
○か×かの二択問題を解いていると、教官がまわってきて「これはこれでいいのかな」と言ってくれます。
プロボクサーの試験は、人間的です。
答えのない問題をどう楽しめるかで、友達になれるかどうかが分かれます。
「正解は何ですか」と聞いてくる人が必ずいます。
答えが1つとなると、「あなたの意見は間違っている」という議論になるのです。
私が広告代理店にいてよかったのは、広告代理店には議論がないことです。
何を言われても、「ああ、いいですね」としか言われません。

○か×の「○」の札しか持っていないのです。
私は、いまだにTV番組では○しか出せません。
○に根拠をつけていきます。
辛口コメントどころか、超甘口コメントなのです。

人生を豊かにする
友達をつくる工夫

41

答えのない問題を、一緒に楽しもう。

42
FIRST CLASS

うまくいかなかった時のほうが、仲よくなれる。

人脈は、何を共有しているかで一流と三流とに分かれます。

三流は、結果を共有します。

一流は、プロセスを共有します。

たとえば、オーロラツアーでオーロラが見られませんでした。

そこで「カネ返せ」と騒ぐのは、結果優先の人です。

「私、前に来た時も見られなかったんです」と言う人がいると、「おまえのせいだ」と、雨女のような言い方をされます。

「行ったメンバーが悪かったから」と文句を言うと、ぎくしゃくした関係になります。

一流は、「見られなかった時のほうがたくさんしゃべれましたね」と感じます。

「明日見られるといいなと思いながら、最後まで見られませんでしたけど、その間、一晩中しゃべりましたね。今度また一緒に行きませんか」と、まわりの人とのつながりが生まれます。これはプロセスを共有しているからです。

釣りに行っても、魚がまったく釣れないと「おまえのせいだ」と言う人がいます。

そういう人とゴルフをまわると大変です。

「今、パターの時に動いたよね。おまえのせいではずした」と言われます。

「一緒に行っている人が風邪をひいて鼻をすすっていたので今日のスコアが悪かった」とまわりの人のせいにするのは、結果優先の人です。

そうなると、結局仲よくなれません。

実際、結果がよくても仲よくなれません。

結果優先の人は、どんな状況でも、まわりの人と仲よくなれないのです。

人生を豊かにする友達をつくる工夫

42

結果よりも、プロセスを共有しよう。

43
FIRST CLASS

何かの達人にならないと、銀行強盗にも誘ってもらえない。

銀行強盗は、達人を集める名人です。

運転の達人・見張りの達人・下見の達人などを集めているのが、銀行強盗のリーダーです。

これは、江戸時代の強盗から全部同じです。

たとえば、銀行強盗のリーダーに「私も何か1枚かませてください」と言うと、

「あなたはなんの達人ですか」

「課長です」

「それは肩書ですよね。鶏のモノマネでもいいから何か特技がないと。鈍くさいだけじゃん、あんた」

と言われます。

何かの達人にならないと、銀行強盗ですら誘ってもらえないのです。

「いや、そんな自慢できるようなことはない」となった時に、小さな達人が役に立つのです。

私が『面接の達人』でコンセプトにした「達人」は、「年末の週末、忘年会シーズンの金曜日の雨の夜にタクシーをつかまえてくる人」です。

達人というと、古武術をきわめた甲野先生のような人を思い浮かべてしまいがちです。

それほどすごくなくていいのです。

タクシーが必要な時に、必ずどこかから拾ってくる人がいます。

タクシーをつかまえられるのは、特技です。

今の時代、タクシーをとめられるだけで将来は常務にもなれます。

先日、私がタクシーをとめようとした時に、シュッと手前に出てきた人がいました。

見るからに暴力団関係の人です。

人生を豊かにする
友達をつくる工夫

43

小さな達人になろう。

これは譲らなければと見ていると、親分が手を挙げていました。

本来は、子分がとめる流れです。

この業界も人材育成がなかなか大変そうです。

私は自分がタクシーをとめて「どうぞ」と言おうかと思ったぐらいなのに、子分はボーッとしていました。

「親分が手を挙げているからもういいか」という感じです。

そこで怒ると、子分が辞めてしまいます。

どこの世界も人材育成が課題なのです。

44

FIRST CLASS

今助けてもらえない人が、いつか助けてくれる。

三流は、「今目の前の人が自分に何かメリットがあるかどうか」を考えます。

「今何かこの人が自分に得があるか、助けてくれるか」を基準にしています。

得がないと思うと、スパッと切ります。

一流は、目の前の人が今役に立つかどうかは考えません。

役に立たないことのほうが圧倒的に多いのに、目の前の相手とつき合います。

やがて思いもかけない時に「そう言えば、これ、あの人ならできるかも」となり、ずっとつき合っていたおかげで「それなら簡単ですよ」と、その相手が助けてくれるのです。

これは、おとぎ話に出てくるような話です。

パニック映画でも必ずあります。

パニック映画には、一流の人と三流の人が同時に出てきます。

古くは「ポセイドン・アドベンチャー」「タワーリング・インフェルノ」「タイタニック」という名作パニック映画の系譜（けいふ）があります。

必ず「こいつ、役に立たないから殺してしまえ」と言われる人は、たしかに鈍くさくて足手まといになるのです。

結局、「殺してしまえ」と言った三流の人が死んでしまいます。

一流の主役は、キャストを見ればわかります。

キャスティング的には製作費のかなりのパーセンテージを占めている人が、一見普通のサラリーマンである主役を演じます。

主役は、ケガをしてみんなの足を引っ張っている人間を、「それでも連れていこう」と言います。

観客は「あいつは置いていっていいんじゃないか」と思います。

悪役ほどは思わなくても、「あいつはひどいよ。足手まといすぎる」「この人は切ってもいいんじゃないかな」と思う人を、主役は「連れていこう」と言うのです。
最後は、足手まといだった人が役に立ちます。
ところが、三流の代表の悪役は、最初から「撃ち殺せ。足手まといだ」と言います。
それが三流のつき合い方なのです。

人生を豊かにする
友達をつくる工夫

44

今の利害で、選ばない。

45
FIRST CLASS

「先生、今度、飲みに行きましょう」では、友達になれない。

講演が終わると、「先生、お友達になれますか」と声をかけてくれる人がいます。
「なれますよ」と言うと、「今度、飲みに行きましょう」と言われました。
そのノリはいいのです。
ただし、間違っているのは「飲みに行って友達になる」という考え方です。
それより塾に来たほうが同志になれます。
吉田松陰と飲みに行って友達になることはありません。
松下村塾（しょうかそんじゅく）に来れば、そこで学べるので仲間になれます。
三流は、飲みに行って仲よくなろうとします。
一流は、一緒に勉強することによって仲間になります。

この違いに気づく必要があります。
一緒に仕事をする時も同じです。
私に「本を書いてください」と依頼をする時、一流の編集者は講演に来ます。
三流の編集者は、「何かいい企画ないですかね」と言うだけです。
それなら、塾に1回でも来ればいいのです。
ホームページでもいろいろ書いているので、それを見てもらってもいいです。
「友達になる」イコール「飲みニケーション」という思い込みはしないことです。
一緒に勉強するほうがはるかに仲よくなれるのです。

人生を豊かにする
友達をつくる工夫
45
飲みに行くより、講演に行こう。

46
FIRST CLASS

仲間の成功を喜べない人は、友達ではない。

一流は、仲間が成功した時に素直に喜べます。

三流は「なんだよ」とやっかんだり、ねたみそねみます。

たとえば、仲間にカッコいい恋人ができました。

その時に「裏切られた」と言う人がいます。

仲間の恋人がカッコいい男性であればあるほど、「今年のクリスマスも一緒に過ごそうと思っていたのに、何よ」と思うのです。

「絶対浮気するわよ、ああいう男は。やめなさい」と、引きずり戻そうとします。

自分が寂しいからです。

一流は「その連れはきっとカッコいいに違いない」と思い、仲間の恋人の友達を紹介してもらいます。

もしくは「どうやったの？」と方法を聞いたり、「何かおすそ分けとかおこぼれはないの？」と言ったりします。

仲間が成功した時に、そのコツを学ぶことが成長し合う関係です。

現状に引き戻すのではありません。

誰かが押し上がると、その勢いのどさくさに紛れて自分も上がってやろうというのが成功していくグループの考え方です。

みんなで上がる時も、同時には上がりません。

必ず1人が上がります。

たとえば、仲間に美人の彼女ができました。

一流は、その1人をキッカケにほかの美人と仲よくなっていきます。

三流は、「やめておけ」「だまされている、おまえは」と邪魔したり、引きずり戻そうとします。

または、「あいつは仲間じゃない」と言います。

仕事で成功しても同じです。

たとえば、会社を辞めて独立した仲間がうまくいきました。

残っている仲間のサラリーマンとしては面白くありません。

そうすると、「あいつは会社でずっと嫌われていた」と言いふらしたりします。

二枚目系で売れている人に、整形疑惑が出ることがあります。

「整形前の写真はこれだ」と出すのは、友達です。

仲間の中に売れた人間がいると、自分が置いてけぼりになったような寂しさがあるからです。

本当は整形していないのです。

整形前の写真が加工したものだったのです。

まったく知らない人がやるならまだいいです。

それをやるのはだいたい友達です。

これが足を引っ張り合ったり、仲間の成功を喜べない人です。

会社を辞めて独立して成功している人がいた時に、「いやあ、あいつは優秀だった」

と言える人は、一流です。

「あいつは会社で嫌われていた。あいつが成功する意味がわからない。そのうち失敗するに違いない」と言う人は、三流です。

「そのうち失敗するに違いない」と言う人は、自ら成功コースに入っていないのです。

部下の成功を喜べない上司も同じです。

上司は上のフロアにいて、部下が下のフロアにいると思うのは勘違いです。

上のフロアと下のフロアで関係性は成り立ちません。

別世界です。

上司だ、部下だと言っても同じフロアの中なので、空から見ると同じグループです。

神様のところに行って「私は上司です」と言っても、部下と同じグループに入れられます。

「なんでオレがみんなと相部屋なんだ」と文句を言いますが、上から見ると上司も部下も同じ部屋にいるのです。

それよりもっと大きな差が生まれることもあります。

部下のベクトルが上を向いていて上司のベクトルが下を向いている時は、上司が相部屋で部下が個室になるのです。

人生を豊かにする
友達をつくる工夫

46

成功を喜べない友達から、離れよう。

第 6 章

CHAPTER SIX

理解されるより、理解する側にまわる。

47
FIRST CLASS

「何を考えてるかわからない」って、当たり前だ。

人間と人間がわかり合えることには限界があります。

人間は、パソコンよりはるかに複雑怪奇（かいき）なものです。

相手のことを「何を考えているかわからない」と言う人は、「私をわかってくれない。」もっとわかってよ」と言います。

機械は、説明書を見れば使い方がわかります。

ところが、人間は機械と違って全部わかることは不可能という前提でつき合う必要があります。

最初からつき合える人は、わからないままつき合えるということです。

「あなたのこと、まだよく知らないし」と言う人がいます。

これは、何まで知ったら知っていることになるのかという基準が不明確です。

三流は、最初のやりとりで職務質問のような聞き方をします。

第1の質問は「いくつ?」です。

第2の質問は「独身?」、第3の質問は「彼氏は?」、第4の質問は「1人暮らし?」です。

そこから始まり、質問が100を超えます。

それでは出会いになりません。

本来の出会いは、相手の名前すら聞かないで物語が始まるのです。

それを聞いてから、やっと物語が始まるということはありません。

シンデレラは、魔法使いのおばあさんが出てきた時に、

「あなたは誰?」

「魔法使いのおばあさんよ」

「ワオ」

で終わりました。

それ以上は何も聞きません。
何かしようとする時に、必ず確認をするタイプの人がいます。
確認することにこだわっていると、本当のつき合いが始まらないのです。

人生を豊かにする
友達をつくる工夫

47

理解されることを、求めない。

48
FIRST CLASS

許すことで、絆になる。許さないと、荷物になる。

「仲よくなろうね」「愛してるよ」と肩を組み合うことで、絆が生まれるのではありません。絆は、許した瞬間に生まれるのです。

ぶつかったり、裏切られたりして、それを許した時に最も強い絆になります。

うまくいっている時に、絆は生まれません。

うまくいっているという状況でつながっているだけです。

うまくいかないことがあるのは、とてもいいことです。

本物の人が残るからです。許さないと、心の荷物になります。

「あの人に裏切られた」ということだけが残ります。

最初の出会いでいきなり仲よしということはありません。

冒険物の映画では、必ず仲間が登場します。

主人公は旅に出ます。その旅の途中で仲間と出会います。

やがて、その仲間と反目し、ケンカが起こります。

仲間が「おまえの顔なんか二度と見たくない」と言って別れます。

主人公がまた1人で旅をしていると、敵に出会って殺されそうになります。

あわや死にそうなところに、その仲間がやってきて助けます。

これが冒険物のストーリーの基本です。

「出会って、以後幸せに暮らしました。めでたし、めでたし」というのは、仲間とは言いません。とはいえ、反目したままでは仲間になれないので、それを許します。

一番反目した相手が、より強い絆の仲間になるのです。

『ハムレット』は、復讐の物語だという印象ですが、本当は許す話です。

物語の最初の3分の1は「迷い」です。真ん中は「復讐」です。最後は「許す」です。

これでハムレットが成長していくのです。

迷い、復讐し、やがて許すというのは、人間が成長するプロセスです。

つき合うことで大切なのは、つき合いながら一緒に成長することです。

自分も相手も成長する必要があるのです。

映画「ベイマックス」の構造は、『ハムレット』と同じテーマです。

主人公の男の子がお兄さんを殺した相手に復讐しようとします。

相手の男は、自分の娘を殺された復讐で暴れているのです。

主人公がその悪役に対して、「そんなことを娘さんは望んでいないでしょう」と言う人間に成長していくという話です。

復讐しようと思っている人間が、「復讐からは何も生まれない」ということに気づくのです。

人生を豊かにする
友達をつくる工夫

48

許そう。

49

FIRST CLASS

1対1とつき合えたら、社会ともつき合える。

社会とどうつき合うかは、人間に求められる重要なことです。

これが子どもから大人になっていくということです。

「社会」というのは抽象的な考え方です。

結局は1対1でどうつき合っていけるかということが、つき合いで一番大切なのです。

いきなり「社会」と言うと、1対多と思いがちです。

1対1でつき合えるから、1対多でもつき合えるのです。

最初から1対多でつき合おうと思ってもムリです。

スナックをやっているオーナーは、たくさんのお客様に来てほしいと願います。

そのためには、たった1人しかお客様が来ない時に、そのお客様にハッピーになってもらえることを積み重ねるしかありません。

徹底的にその1人のお客様をハッピーにすることができると、結果としてそれが積み重なって2人になり、3人になりという展開になります。

「友達がたくさん欲しい」と思っても、1対多をあせらないことです。

友達をつくるまでにかけた労力は、離れていくまでの労力と同じです。

1年でできた友達は、1年でいなくなります。

ヒット商品も同じです。

1年で売れたモノは、1年で売れなくなります。

売れるまでに10年かかったモノは、10年間売れ続けます。

上り坂と下り坂は同じ期間なのです。

人生を豊かにする友達をつくる工夫 49

社会の前に、1対1でつき合おう。

50
FIRST CLASS

相手を選ばない人づき合いは、長続きする。

最初から「好き、好き」で始まっていないほうが、つき合いは長続きします。
離婚が一番多いのは、大恋愛のカップルです。
一番別れないのは、見合いよりも、いいなずけです。
見合いは、まだ断る権利があります。
いいなずけは、断る権利はありません。
いいなずけになると、そこから何かをつくり上げようとするのです。
大恋愛をしたのは、自分が選んだ最も好きな相手です。
人づき合いは、相手を選ばないことが重要なのです。
大人になると、つき合う相手をだんだん選ぶようになります。

最近は、名前を検索したり、ブログを読んで相手を知ることができます。

子どもの時の出会いは、自分の出席番号の前後です。

私の中学の友達は西川君です。

五十音順で「な」と「に」は近いからです。

明らかに自分で選んだ相手ではありません。

帰り道も、西川君の家の前を通っていました。

それが私の通学路です。

西川君と趣味嗜好が合ったわけではありません。

名簿の順番どおりに並んで話しただけです。

この出会いは、いいなずけのようなものです。

三流の人は、「この人とつき合ってメリットがあるかないか」と、つき合う相手を選びます。

学生時代は、相手の情報もわからないし、出会いを選ぶことはありません。

始業式で前後に並んだだけで「今日、うち来る?」「行く」という話になります。

「家どこ？」と聞くと、「○○町」と言われて、「知らない」ということもあります。

そういう相手が親友になっていくのです。

自分で出会いを選ばない時のほうが、最初の前盛り上がりがありません。

合コンの帰り道のむなしさは、前盛り上がりがあるからです。

「今回はかわいいよ」という情報から、勝手に武井咲が来ると思い込んだりします。

実際に来たのは武井咲似の人でした。

人間の出会いとして、「○○さんに会えば本を出してもらえる。そうすればベストセラーになるに違いない」という思い込みがあると、ベストセラーにならなかった時に「裏切られた」となります。


つき合いは、淡々と出会うほうがいいのです。


出会いを主たる目的にしないことです。

合コンを否定しながらも、異業種交流会に必死に行く人がいます。

それよりは、自分1人になって成長する時間を持つことが大切なのです。

相手を選ぶと、長続きしません。

相手を選ばない人が、長続きするのです。

人生を豊かにする友達をつくる工夫

50

たまたま隣にいた人と出会おう。

51

FIRST CLASS

いつも似た者同士でいると、異質と調整できなくなる。

情報化社会の特徴は、仲よしの友達が似た者同士になることです。

ネットなどで友達を選べるからです。

昔はよく「短大の女子大生3人組」と言っていました。

3人は同じ趣味で、着ているものも同じです。

この3人組にはほぼ言語がありません。

言語なく通じ合える間柄だからです。

私は「ブー・フー・ウー」と呼んでいます。

「ブー・フー・ウー」の3人組は、言語なく3人が同時にしゃべり、同時にうなずきます。

この短大の女子大生3人組が、世の中全体になっているのを「情報化社会」と言うのです。

似た者同士といつもいると、異質なものと調整できなくなります。

コミュニケーションがとれなくなるのです。

そういう人は、「上司は頭がかたいから企画が通らない」とグチをこぼします。

「こういう面白みがあるんです」と、感性でわかりにくいことをなんとか伝えようとするのがプレゼンであり、コミュニケーションです。

それなのに、「わからないかな、この面白さが」と言い、「相手の頭がかたいから」「感度が悪いから」と切り捨ててしまうのが、短大の女子大生3人組です。

これが狭い社会で似た者同士が一緒にいることの危険性です。

サラリーマンでも危ないのは、お昼ごはんを食べに行くのがいつも同じ3人組という人です。

いつも同じメンバーと3軒のお店のローテーションでお昼ごはんを食べている人は、異質なものとのつき合い方ができません。

発想の豊かさは、どれだけ異質なもの、アウエーから刺激を受けているかで決まります。

似た者同士でいる人は、いつもホームでしか試合をしないということです。

それでは新しいアイデアも浮かぶわけがありません。

三流は、異質なものが来た時に、「ああ、面白くない」「わけがわからない」と切り捨てるだけです。

一流は、コミュニケーションによってその面白さをわかろうとするのです。

人生を豊かにする
友達をつくる工夫

51

似た者同士で、集まらない。

52
FIRST CLASS

あなたを嫌う人は、あなたを好きな人の一種。

情報化社会で一番起こりがちなことは、仲よしが突然嫌うという反転現象です。

いわゆる逆ギレです。

嫌われることに対して極度に耐性がなくなっているのが情報化社会です。

一流は、嫌われることに対して免疫力があります。

三流は、嫌われることを極度に恐れます。

「嫌われたくない、嫌われたくない」と気を使って、飲み会でも3次会までつき合い、そのあとのカラオケまで行きます。

それなのに「あいつ、帰らない」と嫌われたりします。

「嫌い」は、「好き」の一種です。

「好き」の1つの出方として、「大嫌い」と言います。

本当の「嫌い」は、「誰それ?」となります。興味がないのです。

松「好き」↓竹「嫌い」↓梅「興味ない」という順番です。

「嫌い」は「興味ない」には勝っているのです。

カテゴリー的には、好きという感情が相手に通じない時に「エーイ、嫌い」となるので、「嫌い」は「超好き」の可能性もあります。

そう考えると、「あんたなんか大嫌い」と言われた時に「超好きなんだな。またまた照れちゃって。屈折して、小学生か」と思えます。

実際、嫌いになっているものは自分が好きなものです。

悪口は、必ず好きなものに対して言います。

無関心なものに悪口は言えません。

かなり関心があることに対して悪口を言うのです。

「気になってしようがないんだな」と考えれば、悪口を言われることに対してラクになれるのです。

わざと嫌われることはありません。
嫌われても平気になるのが、一流なのです。

人生を豊かにする
友達をつくる工夫

52

嫌われて、平気になろう。

53

FIRST CLASS

下から、上を判断できない。

「バカにされた」と怒る人がいます。

怒る必要はまったくありません。

評価は、自分の器の範囲内でしかできないからです。

下から上の評価はできないのです。

評価するのは、常に上から下です。

上から下に対してはバカにしません。

「頑張っているな」と温かい目で見ます。

ところが、下から上は見えません。

「なんだ、あいつ。あいつが成功している意味がわからない」と言うのは、下から上は判断できないからです。

ベストセラーが出ると、「あんなベストセラー、オレだって書けるよ」と言うのは、下から見ているからです。

上から見ると、さすがによくできているポイントがわかるので「あれ、よくできた本だね」と言います。

バカにされた時は、相手は自分より下だと思えばいいのです。

バカにされるということは、本当の意味で評価されているということです。

結果として差がついたのです。

悪口を言われる人は、よくバカにされます。

それに対して反論すると、せっかく階段を上がったのに相手と同じレベルに戻ってしまいます。

これは階段の上がりぎわのところで起こる現象です。

ここが一番の正念場です。

この構造がわかっていれば、バカにされても平気なのです。

バカにされたら、「今、自分はこのグループから脱出して上のステージに上がりかけている」と考えればいいのです。

人生を豊かにする
友達をつくる工夫

53

バカにされたら、喜ぼう。

54
FIRST CLASS

出会うより、続けることのほうがむずかしい。

「出会いたい、出会いたい」と言う人がいます。

出会うよりも、継続することのほうが大切です。

「出会いたい」と言う人は、継続をおろそかにしています。

そのために関係が長続きしないのです。

長続きしたい人は、新しい出会いを求めていません。

今まで出会った人を大切にしているからです。

会ったことのない人に会うことを優先する人は、今まで会ってお世話になっている人を軽んじています。

お店で言うと、新規開拓ばかりに力を入れて既存のお客様をおろそかにしている状態です。

「どこに行けば出会えるんですか」とよく言う人は、出会い願望症です。

今まで出会った人を放っておいて、限られた時間・エネルギー・コスト・精神的なもの、すべてを出会いに注ぎすぎているのです。

そういう人は、うまくいっている人を見ると、「だって、あの人は出会う機会が多いもの」と言います。

「私がうまくいかないのは、出会いが少ない部署にいるから」「出会いが少ない仕事だから」と解釈します。

たとえば、人脈の本を読むと、出会い方を一生懸命探します。

魅力のない人と出会っても仕方がありません。

出会い願望症の人は、出会っても、すぐ継続のエネルギーを注がなくなります。

結局、今まで出会った人が離れていくので、また新規開拓にエネルギーを注ぐ必要があります。

お店がつぶれていくパターンは、新規開拓に力を入れ始めるとお店がつぶれるのと

同じです。

ほぼ宣伝費で飛んでしまいます。

サービスというのは、本で言えば今1冊読んでくれた人にまた読んでもらえるようにすることです。

アンケートを書いてくれたことに対して、次に反映することをこまめにやることが大切です。

それをやらないで宣伝に力を入れ始めると、常にストレスが伴う消耗戦になってしまうのです。

人生を豊かにする友達をつくる工夫

54

出会いより、継続を大切にしよう。

55
FIRST CLASS

一流は、知らない人に優しくする。

世界は無限に大きいから、そこに人脈のネットを張りめぐらせようとするのが三流の人の考え方です。

一流は、イッツ・ア・スモールワールドと感じます。「世界は小さいから、ここで信頼を落としたら終わりだな」という感覚があるので、不義理はできません。

三流は「ここで不義理しても、新しいところへ行けばいいかな」と考えます。

一流は「世界は小さいよね」と言います。

「あっち側で見返りなんか求めていない、利害関係なしでやったことが、こっちから返ってくるんだよね」と言います。

三流は、世界が大きいと感じているので、「こんなところでやったものはどこで返ってくるかわからないじゃない」と言います。

そういう人は、「ここで少々不義理をしてもわからないよ」と考えます。

ところが、実際の世界は小さいので不義理をするとわかります。

不義理というのは、飲み会に誘われた時に、悪いからと思ってイヤイヤ参加することです。これは、参加しない人より迷惑をかけています。

しかも、ダラダラと最後のカラオケまで帰らなかったり、タクシーも拾いに行きません。

「ここでやったことが、こんなところで結果が出てきた」と感じられると、知らない人にも優しくしておこうと思えるようになります。

一流と三流の違いは、知らない人にどれだけ優しくできるかです。

自分にメリットがある人には、みんな優しくできます。

それは三流の優しさです。

「この人にはもう一生会わないだろう」と思う人にも優しくできるのが一流です。

以前、新大阪の新幹線のホームを歩いていると、目の前で財布を落とした人がいました。

その人は結構なスピードで歩いていくので、私は走って追いかけました。

ホームなので、財布を落とした人が新幹線に乗ったらおしまいです。

落とした人の肩をポンと叩いて財布を渡すだけのことですが、これで自己肯定感が上がります。

赤ちゃんの靴下もよく脱げて落ちます。

赤ちゃんは「今落ちた」と気づいても、お母さんはなかなか気づきません。

そういう時も、靴下を拾ってあげます。そのお母さんは美人でなくていいのです。

赤ちゃんが将来美人になる可能性はあります。

抽せん日までが長い宝くじを買っているようなものです。

国債より楽しみな感じがします。

利まわりが見えないのは、わからないという楽しみがあります。

そこから物語が生まれるからです。

脱げた靴下を拾ってあげた赤ちゃんが成人に達した時に、「あの時の子だ」とわかる場合もあります。

そのためには、赤ちゃんがじっと自分の顔を見たカットを覚えておく必要があります。
その後の物語があるかもしれないという思いが、心の中にあるだけで楽しいです。
これを「赤い糸」と呼ぶのです。
オリジナルは「赤い綱」ですが、いつの間にか話が変わったのです。
綱では、少し強すぎます。
糸のほうが繊細な感じがします。
実際には、赤い糸は目に見えません。
赤い糸は、自分の心で見るものなのです。

人生を豊かにする
友達をつくる工夫

55

見えないもので、つながろう。

第7章

CHAPTER SEVEN

独占するより、共有する。

56

FIRST CLASS

情報より、物語を共有すると、絆になる。

人とのやりとりには二種類あります。

三流は、「情報のやりとり」でつながっています。

一流は、「物語のやりとり」でつながっています。

物語を共有し合えるのです。

私をキャバクラに連れていってくれる社長に、「先生は語るね」と言われました。

情報のやりとりは、つまらないのです。

今ココで書いていることも、情報ではなく、物語です。

三流が一流に生まれ変わる物語を、今ココで読者と共有しようとしているのです。

人生を豊かにする
友達をつくる工夫

56

話すより、語ろう。

一流になるための情報を与えているつもりは、まったくありません。

物語の短いものがエピソードです。

エピソードと言えば、稲川淳二(いながわじゅんじ)さんを思い浮かべればいいのです。

稲川淳二さんの怪談話は、稲川さん自身が一番怖がっています。

稲川さんが怖がらないで、まわりだけが怖がっているわけではありません。

聞く人と物語を共有しているのです。

物語は語ります。情報は話します。

パーティーが出会いにならないのは、語る時間がないからです。

語ろうとすると、「あっ、どうも、どうも」と人が入ってきます。

ひたすらショートインフォメーションのやりとりになるのです。

57

FIRST CLASS

スイートルームのドアは、開いている。

豪華客船の一番高い部屋がペントハウスルームです。

1泊1人37万円です。

大きい船では、お客様が2000人、従業員が1000人乗っています。

ほとんどの人が、ずっと乗りっぱなしです。

1週間しか乗らないという人は、ほとんどいません。

日本人でも、いつから乗っているかわからないような人が一番多いのです。

2000人の乗客が全員顔見知りなので、まるで1つの「村」です。

船に乗り込むと、そこのエレベーターで会ったオバチャンに「あら、ここから乗った人?」と言われます。

「はい」と言うと、「あとで部屋に来なさい」と言われるのです。

転校生のように、昨日までいなかった人は目立ちます。

長期間乗っているので、それ以外の人に会わないからです。

朝になると、「グッド・モーニング。ルーム○○で集まっていますから、どなたでも来てください」というアナウンスが入ります。

ルーム番号で言われるので、何か違和感があります。

普通は「バンケットで○○があります」という言い方になります。

その部屋は昨日会ったオバチャンの部屋でした。


乗った初日は、いろいろ探検します。


船は一番上の階が一番高い部屋です。そこを歩いていると、そのオバチャンが待ち構えていて、「あなた、あなた。どうぞ。お待ちしていました」と言うのです。

部屋のドアは開けっぱなしです。

部屋を案内されて、寝室まで全部見せてくれるのです。

だんなさんが、新聞を読みながら「バスルームは見てもらったのか」と言っています。

「シャンパンを飲んでいって。ちょっと出かけてくるけど、ごゆっくり」という感じです。

一流の扉は、開け放たれているのです。

身近な話題に置きかえます。

たとえば、私は楽屋のドアは開けっぱなしにしています。

講演の時でも、ドアが閉まっていると、遠慮して入りにくくなります。

ひょっとしたら休んでいるかもしれないし、着がえていることもあります。

かといって、ノックもしにくいのです。

開けっぱなしにすると、通りがけにのぞくこともできるし、通る人にも「おはようございます」と声をかけられるのです。

人生を豊かにする
友達をつくる工夫

57

ドアを開けておこう。

58
FIRST CLASS

仲よしは、話している量が半分ずつ。

私はレストランの研修をしています。

お客様が話しているのを観察していると、仲よしのカップルは、異性でも同性でも会話の量が半々です。

一方が9割話して、もう一方が1割の相づちを打っているカップルは、あまり仲がよくないのです。

6人から10人ぐらいの女子会でも、ボスがずっと演説しています。

ビュッフェなので、ボスの許しが出るまで料理を取りに行けません。

ボスが「取りに行きましょうか」と言うと、みんなで取りに行きます。

間違ってボスが話している間に立とうものなら、「あの人、何?」という空気になるのです。

次から呼んでもらえません。

旅行の電車の中でも、1人が話して、もう1人がずっと聞き手という状態は仲よしではないのです。

話す時は、話す量が半分ずつになるように話します。

人とつき合う時も、そういう人とつき合います。

「相手にたくさん話してもらって、自分は聞き手にまわっていればいい」というのは、相手をお客様にしてしまっています。

まったく話さないのも、話しまくるのも、どちらもつき合い方としては失敗なのです。

人生を豊かにする友達をつくる工夫

58

話す量が半分ずつの人とつき合おう。

59
FIRST CLASS

仲よしは、静かに語り合う。

小さい声で話しているカップルは仲がいいのです。
同性でも異性でも、声が大きくなる2人は仲よしではありません。
まだ安心感がなく、相手と打ち解けていない状態です。
男同士でも、「ここで負けちゃいけない」と思うと声がどんどん大きくなります。
「オレは20億円の仕事を転がしている」と言う人は、声が大きいのです。
一流は、静かに話します。
レストランや電車の中で、感じのいいカップルは静かに話しています。
それが仲よしに感じさせます。
新幹線でそういう人が近くにいたら、「当たり」です。
椅子を倒す時も、必ず「椅子を倒していいですか」と聞いてくれます。

大声で話している人は、何も言わずにバーンと倒れてくるのです。

人生を豊かにする
友達をつくる工夫

59

静かに話そう。

60
FIRST CLASS

三流は、オシャレな店に行く。一流は、オシャレな人が集まる店に行く。

三流も、オシャレな人と友達になりたいと思っています。

自分もオシャレになれるからです。

三流は、オシャレなお店に行きます。

一流は、オシャレな人がいるお店に行きます。

「オシャレなお店」イコール「オシャレな人が集まるお店」とは限りません。

オシャレなお店でも、雑誌で見て来たオシャレでない観光客ばかりということもあります。店自体はオシャレでなくても、来ている人がオシャレなお店もあるのです。

オシャレなお店とは、オシャレなインテリアのお店のことではありません。

オシャレな人が集まるお店です。

三流が「オシャレなお店に行って、オシャレな人と知り合った」と言うのは、観光客が観光客と知り合ったという状態です。

そのお店がオシャレかどうかは、来たお客様で決まります。

観光客しか来ないお店に行っても、観光客としか出会えません。

写メを撮りまくりなので、ひと目で観光客とわかります。

料理を食べるどころか、板前さんの手元まで、ずっと撮りまくりです。

あげくの果てに、板前さんと肩を組んでツーショットを撮ったりします。

「これ、ブログに載せていいですか」という展開になるのです。

そのお店には、ブログに載せるための人が集まっています。

それを見て、またそのお店に行く人たちもいます。

それで儲かるからいいというお店もあるのです。

人生を豊かにする
友達をつくる工夫

60

オシャレな人が集まる店に行こう。

61
FIRST CLASS

仲よしは、つまらないことも、面白がれる。

仲よしにも、一流の仲よしと三流の仲よしがいます。

三流の仲よしは面白いことを面白がります。

一方で、9割は「あれ、つまらないよね」という悪口になります。

つまらないことを「つまらない」と言うのが悪口です。

一流は、面白いことは超面白がります。

つまらないことは、「つまんないよねえ」「くだらないよねえ」「バカだなあ」と言いながら面白がります。

どちらかというと、面白いことよりも、つまらないこと、くだらないことのほうを面白がっているのです。

タモリさんは、くだらないことを面白がる達人です。

タモリさんのほめ言葉は「バカだな」「くだらない」です。

タモリさんに「くだらない」と言われるために、どれだけくだらないことができるかです。

正論を言う人は、面白いことは面白がりますが、つまらないことは激怒します。

つまらないことを許せるというより、面白がれるのが大人です。

お役所の文章は、かたくて、つまらなくて、無味乾燥です。

よく悪文として扱われます。

糸井重里さんは、「督促状(とくそく)が、詩人みたいな名文で来たらイヤだな」と言っていました。

お役所の悪文を面白がれるところが糸井重里さんの一流のところです。

たしかに、督促状が韻(いん)を踏んでいたらイヤです。

味もそっけもない文章だから、「しゃあないな」と思えるのです。

一流は、つまらないことを面白く語れる場です。

三流が悪口の場になるのは、つまらないことを面白がれないからです。

「なぜあんなにつまらないのか」と怒っています。

「自分が正しくて、あれは間違っている」という議論は、最終的に悪口になっていくのです。

人生を豊かにする
友達をつくる工夫

61

つまらないことを、面白がろう。

62
FIRST CLASS

修羅場をともにした人と、仲よくなれる。

映画の撮影現場は過酷です。

寒いか暑いかの中で、朝から晩まで睡眠時間がとれなかったりします。

そんな中で、スタッフともキャストとも超仲よくなれるのです。

うまくいった仕事では、チームの団結は生まれません。

ひたすら謝りに行くとか、大変なトラブルが発生すると、スタッフ間の絆が生まれます。

仕事をしていれば、必然的に修羅場に出会います。

修羅場で初めて人が仲よくなって、人とのつながりが生まれるのです。

修羅場で逃げないことです。

逃げようと思ったら、逃げられないことはありません。

靴のひもがほどけたふりをして、立ちどまることもできます。

それではチャンスを逃します。

修羅場になったら、「これでまた出会いがあるに違いない」と喜べばいいのです。

振り返って「あれは大変だったね」という話のできる関係は、深いつながりです。

楽しいことを一緒にするよりも、もっと仲よしになれるのです。

遊び場には出会いはありません。

修羅場がないからです。

修羅場は仕事の場です。

クレームのお客様から逃げないことで、そのお客様に常連さんになってもらえるのです。

あるホテルで、支配人のところに連絡が来ました。

「大変なことが起こりました。暴力団関係者が日本刀を振りまわしています」と言うのです。

そんなところには行きたくありません。

「それ、聞かなかったことにしてくれる？」と言いたくなります。

行ってみると、スキンヘッドの人が「入っていた商品が違う」とクレームを言いに来ただけなのです。

従業員が多いホテルなので、伝言の過程の中で、「丸坊主の人がいる」→「あれはきっと暴力団関係者に違いない」→「日本刀とか持っていたら大変だ」→「暴力団関係者が日本刀を振りまわしている」ということになったのです。

その時に、逃げずに対応した人は、お客様と仲よくなれます。

クレームは仲よくなるチャンスです。

解決しなくても、逃げずになんとかしようと頑張るだけでいいのです。

人生を豊かにする
友達をつくる工夫
62

修羅場で、出会おう。

63
FIRST CLASS

遊びの場よりも、学びの場に出会いがある。

人と出会いたい人は「どこに行けばいいですか」と聞きます。
いまだに「西麻布ですか」と言っているのです。
町名は、その時の流行りのスポットを言っているだけです。
意味はありません。
遊びの場に出会いがあると思っているのです。
出会いがあるのは、学びの場と仕事の場です。
スキー場に行ってナンパするよりは、レストハウスでバイトするほうがモテます。
レスキュー隊でなくても、スキーが滑れなくてもいいのです。
レストハウスで働いているだけで、来たお客様には地元の人に見えてカッコいいのです。

レストハウスで働いている同士でも出会いがあります。

遊びに来て、レストハウスで働いている女性に声をかけるスキーヤーは、最も弱い立場です。

キャバ嬢と友達になりたければ、キャバクラに通うよりは黒服のバイトをしたほうがいいのです。

仕事の場だけでなく、学びの場にも出会いがあります。

ただし、ここで問題があります。

私の先輩で、鼓(つづみ)の会で知り合った人と結婚した人がいました。

そもそも「鼓の会」というのがヘンです。

メンバーはほとんどが70代です。

そこにおばあちゃんと一緒に習いに来た孫娘と知り合ったのです。

それを聞いた隣のおじいさんが行くと、ヘンな気配を出します。

「今日は孫娘はいないのか」と、探しに来ているからです。

ダンスもこのパターンが多いのです。
ダンスは、男性1、女性10の割合です。
習いに来ている同士は同じ方向を目指しているので、友達になれます。
つき合う相手を探しに来る人は、ヘンな目線を飛ばしているので、浮くのです。
男性のベリーダンスもあるのです。
ヨシカワ君がベリーダンスを始めました。
男性はヨシカワ君1人で、ほか30人が女性です。
ヨシカワ君は、純粋にベリーダンスをやりたくて入ったのです。
それを見た「隣のおじいさん」が、ハーレムを期待して行きました。
でも、ヘンな違和感があって、やっぱり友達はできないのです。
ファッションショーの楽屋は、きれいなモデルさんたちが、みんなハダカです。
でも、違和感はありません。
ファッションショーの楽屋は、戦場と同じです。
そこへエッチな意識の人が1人いると、蜂の巣をつついたような空気になります。

「誰かヘンな人がいる」というのは、すぐわかります。

それぐらい違和感があるのです。

学びの場に純粋に学びに行っている者同士は、視線が同じです。

そこに出会いがあります。

司法試験の勉強をしている彼とOLの彼女のカップルが破局になるのは、彼が司法試験を勉強している女性とつき合い始めるからです。

目指す方向が合う人同士で一致するのです。

人生を豊かにする
友達をつくる工夫
63
学びの場に行こう。

64
FIRST CLASS

人とつき合うのが苦手なのではなくて、自分とつき合うのが苦手なのだ。

よく「人とつき合うのが苦手です」と言う人がいます。

たとえば、会社でこわもての人がいた時に、その人とどうつき合っていいかわからないし、挨拶もはずします。

「自分はあの人から嫌われているんじゃないか」「ダメなヤツだと思われたんじゃないか」と、グズグズ考えるのです。

結局、苦手なのは相手とのつき合い方ではありません。

そんなふうに思っている自分とのつき合い方です。

人間が鍛えられるのは「1人の時間」です。

1人の時間に自分とのつき合い方を学びます。

常に誰かと一緒にいると、自分とのつき合い方を覚えられなくなるのです。

子どもは1人の時間を持つことが大切です。

本を読めるようになると、自分と向き合うことができます。

常に友達や家族が一緒にいると、本を読む時間がないのです。

大学生のころ、私はひとりぼっちでした。

ほぼ3年間、学食に行って「ハンバーグ」、映画館に行って「学生1枚」という2語で1日が終わっていました。

授業に出ても、話す必要はありません。

授業のほかは、映画を見るだけです。

1人いた友達も大学時代にできた友達ではなく、予備校時代の友達です。

しかも、この男が偏屈（へんくつ）だったのです。

私は、ひたすら本を読み、本を書くしかない世界の中で生きていました。

これは私にとってラッキーでした。

今の時代むずかしいのは、ネットがあることです。

人生を豊かにする
友達をつくる工夫

64

自分と仲よくなろう。

ネットで常に誰かとしゃべっている状態です。
これでは自分と対話ができなくなります。
結果、人とつき合えなくなります。
苦手な人がいたら、「あの人苦手」と切り捨てるのです。
「苦手な人とつき合う自分」と、どうつき合うかが大切なのです。

65
FIRST CLASS

エピローグ
考え方の柔軟さは、出会っている人の幅で決まる。

ある会社の研修で、「どうしたら自分の考え方を柔軟に広げることができますか」という質問が出ました。

考え方を広げるものは、出会いです。

何を言っているのか意味がわからない異質な人と出会うことによって、自分自身の常識の範囲が広がっていきます。

今の時代は、どうしても同質の人たちと出会いがちです。

情報化社会では、相手の趣味嗜好まで簡単にわかります。

趣味の合う人たちだけで集まって、猛烈に狭いムラ社会を形成するのです。

65 まったく価値観の違う人と、出会おう。

人生を豊かにする
友達をつくる工夫

情報化社会には「いろいろな人と友達になれる」というイメージがあります。
実際は逆です。

自分と合う人とだけ会う、タコツボ化現象が起こるのです。

異質な人と出会うと、コミュニケーションがとれません。

「意味がわからない」と言って、異質なものを面白がれなくなります。

「私が好きなものを、なんでわかってくれないの。あなたはそんなヘンなことをやっているくせに」と言うのです。

相手のことは理解できないのに、自分のことを理解してくれないと怒り出します。

最初から出会う相手の選択ができることで、柔軟性がなくなるのです。

自分と違う考え方の人と出会うことで、人生は豊かになるのです。

『輝く女性に贈る中谷彰宏の魔法の言葉』
（主婦の友社）
『「ひと言」力。』**（パブラボ）**
『一流の男　一流の風格』**（日本実業出版社）**
『「あと1年でどうにかしたい」と思ったら
読む本』**（主婦の友社）**
『変える力。』**（世界文化社）**
『なぜあの人は感情の整理がうまいのか』
（中経出版）
『人は誰でも講師になれる』
（日本経済新聞出版社）
『会社で自由に生きる法』
（日本経済新聞出版社）
『全力で、1ミリ進もう。』**（文芸社文庫）**
『だからあの人のメンタルは強い。』
（世界文化社）
『「気がきくね」と言われる人のシンプルな
法則』**（総合法令出版）**
『だからあの人に運が味方する。』
（世界文化社）
『だからあの人に運が味方する。
（講義DVD付き）』**（世界文化社）**
『なぜあの人は強いのか』**（講談社＋α文庫）**
『占いを活かせる人、ムダにする人』**（講談社）**
『贅沢なキスをしよう。』**（文芸社文庫）**
『3分で幸せになる「小さな魔法」』
（マキノ出版）
『大人になってからもう一度受けたい
コミュニケーションの授業』
（アクセス・パブリッシング）
『運とチャンスは「アウェイ」にある』
（ファーストプレス）
『「出る杭」な君の活かしかた』
（明日香出版社）
『大人の教科書』**（きこ書房）**
『モテるオヤジの作法2』**（ぜんにち出版）**
『かわいげのある女』**（ぜんにち出版）**
『壁に当たるのは気モチイイ
人生もエッチも』**（サンクチュアリ出版）**
『ハートフルセックス』［新書］
（KKロングセラーズ）
書画集『会う人みんな神さま』**（DHC）**
ポストカード『会う人みんな神さま』
（DHC）

［面接の達人］**（ダイヤモンド社）**

『面接の達人　バイブル版』
『面接の達人　面接・エントリーシート
問題集』

『昨日までの自分に別れを告げる』
『人生は成功するようにできている』
『あなたに起こることはすべて正しい』

【PHP研究所】
『叱られる勇気』
『40歳を過ぎたら「これ」を捨てよう。』
『中学時代がハッピーになる30のこと』
『頑張ってもうまくいかなかった夜に読む本』
『仕事は、こんなに面白い。』
『14歳からの人生哲学』
『受験生すぐにできる50のこと』
『高校受験すぐにできる40のこと』
『ほんのささいなことに、恋の幸せがある。』
『高校時代にしておく50のこと』
『中学時代にしておく50のこと』

【PHP文庫】
『もう一度会いたくなる人の話し方』
『お金持ちは、お札の向きがそろっている。』
『たった3分で愛される人になる』
『自分で考える人が成功する』
『大人の友達を作ろう。』
『大学時代しなければならない50のこと』

【三笠書房・王様文庫】
『読むだけで人生がうまくいく本』

【大和書房】
『結果がついてくる人の法則58』

【だいわ文庫】
『なぜか「HAPPY」な女性の習慣』
『なぜか「美人」に見える女性の習慣』
『いい女の教科書』
『いい女恋愛塾』
『やさしいだけの男と、別れよう。』
『「女を楽しませる」ことが男の最高の仕事。』
『いい女練習帳』
『男は女で修行する。』

【学研パブリッシング】
『美人力』
『魅惑力』
『冒険力』
『変身力』
『セクシーなお金術』
『セクシーな出会い術』
『セクシーな整理術』
『セクシーなマナー術』
『セクシーな時間術』
『セクシーな会話術』
『セクシーな仕事術』
『王子を押し倒す、シンデレラになろう。』
『口説きません、魔法をかけるだけ。』
『強引に、優しく。』
『品があって、セクシー。』
『キスは、女からするもの。』

【KKベストセラーズ】
『誰も教えてくれなかった大人のルール―恋愛編』

【阪急コミュニケーションズ】
『いい男をつかまえる恋愛会話力』
『サクセス＆ハッピーになる50の方法』

【あさ出版】
『「いつまでもクヨクヨしたくない」とき読む本』
『「イライラしてるな」と思ったとき読む本』
『「つらいな」と思ったとき読む本』

【きずな出版】
『ファーストクラスに乗る人のお金2』
『ファーストクラスに乗る人の仕事』
『ファーストクラスに乗る人の教育』
『ファーストクラスに乗る人の勉強』
『ファーストクラスに乗る人のお金』
『ファーストクラスに乗る人のノート』
『ギリギリセーーフ』

『なぜあの人は40代からモテるのか』 **(主婦の友社)**
『一流の時間の使い方』**(リベラル社)**
『品のある人、品のない人』**(ぱる出版)**
『輝く女性に贈る　中谷彰宏の魔法の言葉』 **(主婦の友社)**
『名前を聞く前に、キスをしよう。』 **(ミライカナイブックス)**
『ほめた自分がハッピーになる「止まらなくなる、ほめ力」』**(パブラボ)**
『なぜかモテる人がしている42のこと』 **(イースト・プレス　文庫ぎんが堂)**
『一流の人が言わない50のこと』 **(日本実業出版社)**

【PHP研究所】
『[図解]お金も幸せも手に入れる本』
『もう一度会いたくなる人の聞く力』
『もう一度会いたくなる人の話し方』
『[図解]仕事ができる人の時間の使い方』
『仕事の極め方』
『[図解]「できる人」のスピード整理術』
『[図解]「できる人」の時間活用ノート』

【PHP文庫】
『中谷彰宏　仕事を熱くする言葉』
『入社3年目までに勝負がつく77の法則』

【三笠書房・知的生きかた文庫】
『お金で苦労する人しない人』

【オータパブリケイションズ】
『せつないサービスを、胸きゅんサービスに変える』
『ホテルのとんがりマーケティング』
『レストラン王になろう2』
『改革王になろう』
『サービス王になろう2』
『サービス刑事』

【あさ出版】
『気まずくならない雑談力』
『人を動かす伝え方』
『なぜあの人は会話がつづくのか』

【学研パブリッシング】
『片づけられる人は、うまくいく。』
『怒らない人は、うまくいく。』
『ブレない人は、うまくいく。』
『かわいがられる人は、うまくいく。』
『すぐやる人は、うまくいく。』

『仕事は、最高に楽しい。』**(第三文明社)**
『20代でグンと抜き出るワクワク仕事術66』**(経済界・経済界新書)**
『会社を辞めようかなと思ったら読む本』**(主婦の友社)**
『「反射力」早く失敗してうまくいく人の習慣』**(日本経済新聞出版社)**
『伝説のホストに学ぶ82の成功法則』**(総合法令出版)**
『富裕層ビジネス　成功の秘訣』**(ぜんにち出版)**
『リーダーの条件』**(ぜんにち出版)**
『成功する人の一見、運に見える小さな工夫』**(ゴマブックス)**
『転職先はわたしの会社』**(サンクチュアリ出版)**
『あと「ひとこと」の英会話』**(DHC)**
『オンリーワンになる仕事術』**(KKベストセラーズ)**

[恋愛論・人生論]

【ダイヤモンド社】
『なぜあの人は逆境に強いのか』
『25歳までにしなければならない59のこと』
『大人のマナー』
『あなたが「あなた」を超えるとき』
『中谷彰宏金言集』
『「キレない力」を作る50の方法』
『お金は、後からついてくる。』
『中谷彰宏名言集』
『30代で出会わなければならない50人』
『20代で出会わなければならない50人』
『あせらず、止まらず、退かず。』
『「人間力」で、運が開ける。』
『明日がワクワクする50の方法』
『なぜあの人は10歳若く見えるのか』
『テンションを上げる45の方法』
『成功体質になる50の方法』
『運のいい人に好かれる50の方法』
『本番力を高める57の方法』
『運が開ける勉強法』
『ラスト3分に強くなる50の方法』
『答えは、自分の中にある。』
『思い出した夢は、実現する。』
『習い事で生まれ変わる42の方法』
『面白くなければカッコよくない』
『たった一言で生まれ変わる』
『なぜあの人は集中力があるのか』
『健康になる家　病気になる家』
『スピード自己実現』
『スピード開運術』
『失敗を楽しもう』
『20代自分らしく生きる45の方法』
『受験の達人2000』
『お金は使えば使うほど増える』
『大人になる前にしなければならない50のこと』
『会社で教えてくれない50のこと』
『学校で教えてくれない50のこと』
『大学時代しなければならない50のこと』

中谷彰宏　主な作品一覧

［ビジネス］

【ダイヤモンド社】

『50代でしなければならない55のこと』
『なぜあの人の話は楽しいのか』
『なぜあの人はすぐやるのか』
『なぜあの人の話に納得してしまうのか[新版]』
『なぜあの人は勉強が続くのか』
『なぜあの人は仕事ができるのか』
『なぜあの人は整理がうまいのか』
『なぜあの人はいつもやる気があるのか』
『なぜあのリーダーに人はついていくのか』
『なぜあの人は人前で話すのがうまいのか』
『プラス1％の企画力』
『こんな上司に叱られたい。』
『フォローの達人』
『女性に尊敬されるリーダーが、成功する。』
『就活時代しなければならない50のこと』
『お客様を育てるサービス』
『あの人の下なら、「やる気」が出る。』
『なくてはならない人になる』
『人のために何ができるか』
『キャパのある人が、成功する。』
『時間をプレゼントする人が、成功する。』
『会議をなくせば、速くなる。』
『ターニングポイントに立つ君に』
『空気を読める人が、成功する。』
『整理力を高める50の方法』
『迷いを断ち切る50の方法』
『初対面で好かれる60の話し方』
『運が開ける接客術』
『バランス力のある人が、成功する。』
『映画力のある人が、成功する。』
『逆転力を高める50の方法』
『最初の3年その他大勢から抜け出す
50の方法』
『ドタン場に強くなる50の方法』
『アイデアが止まらなくなる50の方法』
『メンタル力で逆転する50の方法』
『超高速右脳読書法』
『なぜあの人は壁を突破できるのか』
『自分力を高めるヒント』
『なぜあの人はストレスに強いのか』
『なぜあの人は仕事が速いのか』
『スピード問題解決』
『スピード危機管理』
『スピード決断術』
『スピード情報術』
『スピード顧客満足』
『一流の勉強術』
『スピード意識改革』
『お客様のファンになろう』
『成功するためにしなければならない80のこと』
『大人のスピード時間術』
『成功の方程式』
『なぜあの人は問題解決がうまいのか』
『しびれる仕事をしよう』
『「アホ」になれる人が成功する』
『しびれるサービス』
『大人のスピード説得術』
『お客様に学ぶサービス勉強法』
『大人のスピード仕事術』
『スピード人脈術』
『スピードサービス』
『スピード成功の方程式』
『スピードリーダーシップ』
『大人のスピード勉強法』
『一日に24時間もあるじゃないか』
『もう「できません」とは言わない』
『出会いにひとつのムダもない』
『お客様がお客様を連れて来る』
『お客様にしなければならない50のこと』
『30代でしなければならない50のこと』
『20代でしなければならない50のこと』
『なぜあの人の話に納得してしまうのか』
『なぜあの人は気がきくのか』
『なぜあの人は困った人とつきあえるのか』
『なぜあの人はお客さんに好かれるのか』
『なぜあの人はいつも元気なのか』
『なぜあの人は時間を創り出せるのか』
『なぜあの人は運が強いのか』
『なぜあの人にまた会いたくなるのか』
『なぜあの人はプレッシャーに強いのか』

【ファーストプレス】

『「超一流」の会話術』
『「超一流」の分析力』
『「超一流」の構想術』
『「超一流」の整理術』
『「超一流」の時間術』
『「超一流」の行動術』
『「超一流」の勉強法』
『「超一流」の仕事術』

著者紹介

中谷彰宏（なかたに・あきひろ）

1959年、大阪府生まれ。早稲田大学第一文学部演劇科卒業。84年、博報堂に入社。ＣＭプランナーとして、テレビ、ラジオＣＭの企画、演出をする。91年、独立し、株式会社中谷彰宏事務所を設立。ビジネス書から恋愛エッセイ、小説まで、多岐にわたるジャンルで、数多くのロングセラー、ベストセラーを送り出す。「中谷塾」を主宰し、全国で講演・ワークショップ活動を行っている。

■公式サイト　http://www.an-web.com/

本の感想など、どんなことでも、
あなたからのお手紙をお待ちしています。
僕は、本気で読みます。　中谷彰宏

〒162-0816　東京都新宿区白銀町1-13
きずな出版気付　中谷彰宏行

※食品、現金、切手などの同封は、ご遠慮ください（編集部）

視覚障害その他の理由で、活字のままでこの本を利用できない人のために、営利を目的とする場合を除き、「録音図書」「点字図書」「拡大写本」等の製作をすることを認めます。その際は、著作権者、または出版社までご連絡ください。

EYE LOVE EYE

中谷彰宏は、盲導犬育成事業に賛同し、この本の印税の一部を（財）日本盲導犬協会に寄付しています。

ファーストクラスに乗る人の人脈
——人生を豊かにする友達をつくる65の工夫

2015年6月1日　第1刷発行

著　者　　中谷彰宏

発行者　　櫻井秀勲
発行所　　きずな出版
東京都新宿区白銀町1-13　〒162-0816
電話03-3260-0391　振替00160-2-633551
http://www.kizuna-pub.jp/

装　幀　　福田和雄（FUKUDA DESIGN）
編集協力　ウーマンウエーブ
印刷・製本　モリモト印刷

©2015 Akihiro Nakatani, Printed in Japan
ISBN978-4-907072-33-9

きずな出版

好評既刊

人間力の磨き方

池田貴将

『覚悟の磨き方』他、著作累計35万部超のベストセラー作家・池田貴将が、全身全霊で書き上げた、現状を変えるための自己啓発書。

本体価格 1500 円

男の条件
こんな「男」は必ず大きくなる

永松茂久

若者から「しげ兄」と慕われる著者が、これまで出会ってきた男たちを例に語る「かっこいい男」とは？ 男たちよ、こんな「男」を目指してほしい！

本体価格 1600 円

感情に振りまわされない―
働く女(ひと)のお金のルール
自分の価値が高まっていく稼ぎ方・貯め方・使い方

有川真由美

年齢を重ねるごとに、人生を楽しめる女（ひと）の秘訣とは―将来、お金に困らないための「戦略」がつまった、働く女性のための一冊。

本体価格 1400 円

成功のための未来予報
10 年後の君は何をしているか

神田昌典

いま頭の中で想像しているよりも、現実はもっと早く動いていく。「お金が無くなる」「会社がなくなる」をはじめとする、7つの未来予報とは？

本体価格 1200 円

日常の小さなイライラから解放される
「箱」の法則
感情に振りまわされない人生を選択する

アービンジャー・インスティチュート

全世界で 100 万部を突破したアービンジャー式人間関係の解決策本が、今度は日本を舞台に登場！ イライラの原因は 100％自分にあった⁉

本体価格 1500 円

※表示価格はすべて税別です

書籍の感想、著者へのメッセージは以下のアドレスにお寄せください
E-mail：39@kizuna-pub.jp

きずな出版
http://www.kizuna-pub.jp